Jonas Trinkunas
(Herausgeber)

Rasa

Gotter und Rituale des baltischen Heidentums

Arun

Arun-Verlag, Ortsstr. 28, D-07407 Engerda,
Tel.: 036743-233-0, Fax: 036743-23317,
e-mail: info@arun-verlag.de; Internet: www.arun-verlag.de
Übersetzt aus der englischen Ausgabe („Of Gods and Holidays“)
des Buches „Dievai ir šventes”, Copyright © 1999 by TVERME.
Übersetzung: Frances Hoffmann.
Titelbild: © Tverme.
Fotos & Abb.: K. Driskius, S. Gudas, J. Trinkunas, F.R. Virkutis, R. Tarabilda.
Gesamtherstellung: Hubert & Co., Zeitbuch, Göttingen.

ISBN 3-935581-21-1

Inhalt

Vorwort

Bis vor kurzer Zeit gab es kaum zuverlässige Informationen über die alte baltische Kultur, ihre Mythologie und Religion. Die Besetzung Litauens und Lettlands durch das russisch-sowjetische Reich 1940 schnitt diese beiden Länder von der westlichen Welt ab und machte sie zu einem Teil des kommunistischen Rußland. Bis heute betrachten unwissende Beobachter das baltische Volk als „Russen". Doch nichts liegt von der Wahrheit weiter entfernt. Sie unterscheiden sich von den Russen durch ihre Sprache (welche keineswegs Slawisch ist), ihre Kultur, Religion, Bräuche und ihre Geschichte. Man sollte bemerken, daß sich die beiden Länder während der letzten zwei Jahrhunderte immens stark bemüht haben, sich von der russischen Herrschaft (erst zaristisch, dann kommunistisch) zu befreien.

Die Unterschiede werden sogar noch deutlicher, wenn man sich die Geschichte dieser Länder genauer ansieht. Analysen von Ortsnamen zeigen, daß die Balten in früheren Zeiten ein Gebiet bewohnten, das sich weit in den Osten ihres derzeitigen Territoriums erstreckt. Heute werden diese Gebiete von Weißrussen und Russen bewohnt. Als vor eintausend Jahren ihre slawischen Nachbarn das Christentum annahmen, bewahrten sich die Balten ihre heidnische Religion für weitere vier Jahrhunderte. Während dieses Zeitraums gründeten sie einen mächtigen Staat, welcher viele slawische Ländereien vereinigte. Als die ersten Renaissancedenker im Westen auftauchten und die vergessenen Bande zum Wissen der alten Griechen wiederherzustellen suchten, war die archaische indo-europäische Religion und Mythologie, auf welcher die griechische Zivilisation aufgebaut war, an der süd-östlichen Küste der Ostsee noch immer lebendig. Das ewige Feuer brannte noch immer im heidnischen Tempel in Vilnius und die Menschen verehrten noch immer den mächtigen *Perkūnas* und die sogar noch archaischeren Göttinnen der Erde und der Natur. Erst im Jahre 1387 wurde das heilige Feuer im östlichen Litauen zum Erlöschen gebracht, und erst eine ganze Generation später, um 1413, geschah dies auch bei den Zemaiten. Zunächst betrafen diese Veränderungen jedoch nur den Adel; die konservative litauische Bevölkerung behielt die Traditionen ihrer Ahnen bei und verehrte im Geheimen ihre Götter einige Jahrhunderte lang weiter.

Eines der ersten Bücher, das die Ethnologie dieser Region der Allgemeinheit vorstellt, ist *The Balts* von Marija Gimbutas, erschienen in London 1963. Es liefert umfangreiche Informationen über die vorchristliche baltische Geschichte, ihre Kultur und Religion. Jedoch kann ein einzelnes Buch nicht einmal im Ansatz ein so weites Thema erschöpfen. Die umfassenden Sammlungen litauischer und lettischer Folklore bleiben zum größten Teil unzugänglich, nicht nur den Lesern, die sich für andere Kulturen interessieren, sondern auch Forschern auf dem Gebiet der Folklore und Mythologie. Das meiste Quellenmaterial, wie auch die darauf basierenden Studien sind bislang in erster Linie in den beiden überlebenden Anhangaltischen Sprachen – litauisch und lettisch – zugänglich. Das ist einer der Hauptgründe, weshalb dieser Teil des europäischen Kulturerbes nicht weitreichender bekannt werden kann. Leider enthalten selbst Anthologien und Nachschlagewerke, die sich mit europäischer Mythologie beschäftigen, kaum Informationen über die baltische Kultur und die alte Religion.

Wenn auch die Bemühungen um das Sammeln, Bewahren und Interpretieren des Kulturerbes der baltischen Völker nie gänzlich unterbrochen wurden, so konnten diese Bemühungen während der Jahre der Besetzung nur unter äußerst schwierigen Umständen fortgeführt werden. Dafür haben die letzten Jahre der Unabhängigkeit eine regelrechte Renaissance von Veröffentlichungen gezeigt. So wurde zum Beispiel 1996 in Vilnius der erste Band von *Sources of Baltic Religion and Mythology* veröffentlicht. Es ist das erste Buch eines mehrbändigen Werkes und enthält Quellenmaterial aus frühester Zeit bis zum Ende des 15. Jahrhunderts. Eine sehr umfassende Zusammenstellung mythologischer Texte wurde herausgegeben in einer mehrteiligen Publikation unter dem Titel *Lietuvių mitologija (Litauische Mythologie)*. Band I wurde 1995 veröffentlicht, Band II erschien1997. Diese wichtige Studie erlitt einen schmerzlichen Verlust, als ihr Urheber und Hauptsammler, Prof. Norbertas Vėlius, im Jahre 1996 unverhofft verstarb. Doch der Grundstein ist gelegt und die Veröffentlichungen in dieser Reihe werden weitergeführt.

Von großer Wichtigkeit sind die Arbeiten, welche das umfassende Quellenmaterial systematisieren und analysieren. In den letzten Jahrzehnten gingen Forscher den nächsten Schritt und versuchten, die religiösen Glaubenssysteme der alten Balten zu rekonstruieren und ihre Entwicklung zu verfolgen. Wichtige Beiträge auf diesem Gebiet lieferte Prof. Julius Greimas, ein Litauer, der in Frankreich lebte und lehrte. Er ist einer der Hauptbegründer semiotischer Techniken und verwendete sie in der Interpretation von baltischem, mythologischem Quellenmaterial.

Eine Schlüsselstudie auf diesem Gebiet ist *Of Gods and Men*, erhältlich in englischer Sprache. Und ein weiteres einflußreiches Werk, *Tautos atminties beieškant (Auf der Suche nach nationaler Erinnerung)*, wurde 1990 sowohl in Vilnius als auch in Chicago veröffentlicht und inspirierte Forscher der nächsten Generation. Es ist nur in Litauisch erhältlich. In der Einleitung dieses herausragenden Werkes betont Greimas die Wichtigkeit der baltischen Vergangenheit für das gesamte Feld indo-europäischer Studien. Er schreibt: „Religiöse Glaubensrichtungen müssen als Teil des ideologischen Rahmens dieser Zeit betrachtet werden. In diesem Zusammenhang kann man mutmaßen, daß die Gründung und Ausweitung des litauischen (heidnischen) Staates von einer entsprechenden Entwicklung der religiösen Strukturen begleitet wurde. Behält man das im Auge, ist die Interpretation und Rekonstruktion der litauischen mythologischen Systeme wichtig für das gesamte Feld indo-europäischer Studien. Forscher auf diesen Gebieten warten ungeduldig auf Ergebnisse dieser Untersuchungen."

Gintaras Beresnevičius gehört zu der jüngeren Generation von Gelehrten, die Dr. Greimas´ Herausforderung angenommen haben. 1995 veröffentlichte er ein Buch mit dem Titel *Baltų religinės reformos (Die Religionsreformen der Balten)*, in welchem er überzeugend die dynamische Natur des baltischen religiösen Systems demonstriert. Er zeigte, daß sich das System unter den inneren und äußeren Faktoren beständig entwickelte und daß diese Entwicklung nur durch die Einführung des Christentums beendigt wurde.

Es bleibt zu hoffen, daß mit der Zeit die oben genannten Studien, sowie zusätzliches Material dem deutschsprachigen Leser zugänglich gemacht werden können. Wir hoffen, mit diesem Text einen bescheidenen Beitrag auf dem Weg zu diesem Ziel liefern zu können. Das Buch ist in drei Hauptteile gegliedert. Der erste Teil *(Von Göttern und Göttinnen)* bietet einen Überblick über die traditionelle Baltische Religion und enthält kurze Beschreibungen bedeutender, heidnischer Gottheiten. Der zweite Teil *(Von den Feiertagen)* beschreibt die traditionellen Feiertage, ihre Bedeutung und die Bräuche und Rituale, die bis zum heutigen Tag überlebt haben. Bezeichnende Artikel wurden aus den Arbeiten oben genannter Autoren ausgewählt und zusätzliches Material wurde ergänzt von A. Dundzila (USA), V. Vytė (Canada) und J. Trinkūnas (Litauen). Letztere Autoren behandeln die traditionelle baltische Religion nicht einfach als Teil der Vergangenheit, sondern ebenso als lebendige Gegenwart, die einen durchaus lebensfähigen Rahmen für das heutige spirituelle Leben bietet. Dieses wird im dritten und letzten Teil mit dem entsprechenden Titel *Das lebendige Erbe* genauer behandelt.

Obwohl der Titel den Eindruck vermittelt, daß beide baltischen Nationen gleichermaßen abgedeckt werden, stammen jedoch tatsächlich die meisten Texte von litauischen Autoren und spiegeln die litauische Tradition wider. Keinesfalls wollen wir unsere lettischen Kollegen unbeachtet lassen, nur waren während der Vorbereitungen des Buches mehr Texte von litauischen Autoren verfügbar. Unser besonderer Dank geht an Dr. Tupešu Janis, der uns erlaubte, seine Beschreibung der lettischen *Dievturiba* Bewegung einzubeziehen, und an Dr. V. Vike-Freiberga, die dem Neudruck ihres Artikels über die lettischen *dainas* zustimmte. Beide Artikel erscheinen im letzten Teil dieses Kompendiums. Herausgeber und Verleger hoffen inständig, daß sich zukünftige Überarbeitungen dieses Buches oder Texte ähnlicher Natur durch die Mitwirkung lettischer Autoren in größerem Umfang auszeichnen wird.

Das Buch ist illustriert mit Fotos, die während verschiedener traditioneller Kalenderfeiertage aufgenommen wurden.

Von Göttern & Göttinnen

Der Titel dieses Abschnittes ist zu Ehren Prof. Marija Gimbutas´ gewählt, einer führenden Größe auf dem Gebiet alter, europäischer Kulturen und Autorin zahlreicher Bücher. In ihrem keimtragenden Werk *Of Gods and Goddesses* (1982) hob sie die zentrale Stellung der weiblichen Gottheiten in den vor-indo-europäischen Glaubenssystemen hervor. Eine ihrer Arbeiten, *The Balts*, bietet eine breitere Darstellung vorchristlicher baltischer Kultur und Geschichte und enthält nebenbei die erste wissenschaftliche Abhandlung über die frühen baltischen Traditionen. Das Buch enthält ein Kapitel mit dem Titel „Religionen", in welchem Prof. Gimbutas archäologische Befunde nutzt, um das verfügbare Wissen um die frühen baltischen Glaubenssysteme zu erweitern. 1985 veröffentlichte Marija Gimbutas eine überarbeitete und erweiterte Fassung von *The Balts*, in der sie, ihre neuesten Forschungsergebnisse über alte europäische Kultur nutzend, einen systematischeren Überblick über baltische Mythologie und Religion gibt. Darin zeigt sie, daß das Pantheon baltischer Gottheiten zwei verschiedene Ursprünge hat. Der ältere hat seine Wurzeln bei den matriarchalischen Göttinnen des alten Europa, der andere liegt bei den eher kriegerischen und patriarchalischen Göttern und Göttinnen, die die Indo-Europäer mitbrachten. Die überarbeitete Fassung von *The Balts* ist ausschließlich auf litauisch erhältlich; in dieser Sammlung haben wir das Kapitel aus der ersten Fassung verwendet, welches durch Fragmente von größerer Bedeutung aus der überarbeiteten Fassung ergänzt wurde.

Außerdem enthält dieser Teil zwei zusätzliche Artikel von bereits genannten Autoren, die einen Überblick über die baltische Religion verschaffen. Einer von ihnen ist der späte Norbertas Vėlius, der bis zu seinem frühzeitigen Tod intensiv auf dem Gebiet litauischer Folklore und Mythologie arbeitete. Dr. Vėlius hatte ein tiefgehendes Wissen über Folklore. Er war nicht nur ein Gelehrter auf dem Gebiet der baltischen Mythologie, sondern auch ein sehr aktiver Sammler und Systematisierer ethnographischen Materials. Vermutlich ebenso wichtig waren seine Ermutigungen an andere, seinem Beispiel zu folgen. Über die Jahre (einschließlich der schwierigen Jahre der Besetzung) organisierte er zahlreiche Expeditionen, um tausende volkskundlicher und mythologischer Fakten zu sammeln und zu analysieren. 1983 veröffentlichte er die Studie *Die Lebensphilosophie der alten Balten* (auf litauisch), in die er diese zahlreichen Fakten einarbeitete. In seiner Synthese versuchte er, die territorialen Besonderheiten baltischer Mythologie anhand von Gegensätzen zu erklären, so wie: Ost – West, flach – hoch, Wasser – Feuer, alt – jung. Aus Vėlius´ umfassenden Werk fügen wir den bedeutenden Artikel „Die alte litauische Religion und Mythologie" (in *Das Christen-*

tum und seine soziale Rolle in Litauen, Vilnius, 1986) ein. Der ursprüngliche Artikel enthält zahlreiche Bezugnahmen auf und viele spezifische Beispiele aus dem Folklore-Schatz, die dem Laien das Lesen recht schwer machen könnten. Um die in der Studie enthaltenen Ideen leichter zugänglich zu machen, haben wir es gewagt, den Text erheblich zu kürzen, und es bleibt zu hoffen, daß künftig vollständigere Fassungen Dr. Vėlius´ Arbeiten auf deutsch erhältlich sein werden.

Der dritte Überblick verschaffende Artikel in diesem Teil ist von Gintaras Beresnevičius. Die jüngere Generation von Forschern auf dem Gebiet der baltischen Mythologie und Religion und die Ansammlung und Klassifizierung von Fakten sind nicht genug; all dem muß die Analyse und Synthese folgen. Beresnivičius ist ein gutes Beispiel für diese Tendenz. 1995 veröffentlichte er die Studie *Die Reformen in der baltischen Religion* (auf litauisch), in welcher er überzeugend darlegt, daß sogar in historischen Zeiten die traditionelle baltische Religion nicht etwa erstarrt war, sondern sich unter dem Einfluß kultureller, politischer und sozialer Konflikte ständig veränderte; Konflikte, die dem Land schließlich das Christentum brachten.

Ein kritischer Leser mag einen Artikel Prof. Greimas´ in diesem Teil vermissen. Wir schätzen Prof. Greimas´ Beiträge sehr, befanden sie jedoch leider als zu spezifisch für eine Zusammenstellung wie diese, die lediglich einen Überblick verschaffen soll. Dr. Greimas´ Werk benötigt einen breiteren Rahmen, um gewürdigt zu werden. Und auch dies ist ein weiteres Beispiel dafür, daß viel mehr Texte dieses Gebietes in deutscher Sprache benötigt werden.

Diesen drei allgemeinen Besprechungen folgt eine Auswahl kurzer Artikel, in denen die wichtigeren baltischen Götter und Göttinnen detaillierter beschrieben werden. Einige von diesen erschienen ursprünglich in der Zeitschrift „Ramuva“. Die Autoren sind Jonas Trinkūnas, Audrius Dundzila (Dainius Sirutis, Vereinigte Staaten) und Valija Vytė (Canada).

Religion und Mythologie der Balten

„(...) Und da sie (die Pruzzen) nichts von (dem christlichen) Gott wußten, geschah es, daß sie an Seiner statt die gesamte Welt der Kreaturen verehrten, nämlich: die Sonne, den Mond und die Sterne, den Blitz, die Vögel, sogar die vierbeinigen Tiere einschließlich der Kröten. Außerdem hatten sie heilige Haine, Felder und Gewässer.“

(Chronicon Prussiae, von Peter von Dusburg, 1326)

Mit großem Erstaunen beschreiben die ersten Missionare in den baltischen Ländern, die Chronisten des Deutschen Ordens und viele spätere Chronisten, die „incredibilia“ der heidnischen Religion: Verbrennungsriten; der Glaube an Wiedergeburt; die Verehrung heiliger Haine, Bäume, Felder, Gewässer und Feuer; der Glaube an die Existenz von mehreren Göttern und Geistern; Opfergaben und

Historische Darstellung heidnischer Balten

Wahrsagungen. Der Deutsche Orden brachte das christliche Kreuz nach Pruzzen und nach Livland, und obgleich man diese Menschen erfolgreich politisch eroberte, so konnte man sie doch spirituell nicht unterwerfen. Die pruzzischen Dörfler blieben heidnisch bis zu ihrer Ausrottung im 17. Jahrhundert, auch wenn sie offiziell im 13. Jahrhundert die Taufe annahmen und alle heidnischen Riten und Bräuche strikt verboten wurden. Ebenso war der Verlauf im westlichen Livland (heutiges Lettland). Litauen akzeptierte das Christentum erst 1387, als der litauische Herrscher Jogaila (Jagello), Sohn des Algirdas, die Erbin des polnischen Throns, die ungarische Prinzessin Jadwiga, heiratete und König von Polen wurde. Selbst als der christliche Glaube in die Paläste des Adels und die Städte vordrang, bewahrten die Dörfler die alte Religion noch viele Jahrhunderte lang. Die Bräuche, der Glaube, mythologische Lieder und Volkskunst-Symbolismus der Litauer und Letten sind in erstaunlichem Maße reich an Altertümlichem. Die christliche Schicht darin ist jung und kann leicht abgesondert werden. Für Studien über vergleichende Religion ist die Bedeutung litauischer und lettischer Folklore und Volkskunst ebenso groß, wie die der baltischen Sprachen für die Rekonstruktion der indo-europäischen „Muttersprache“. Die vorchristliche Schicht ist so alt, daß sie zweifellos bis in prähistorische Zeiten zurückreicht – mindestens bis zur Eisenzeit und in mehreren Fällen sogar einige Jahrtausende weiter.

Was liegt wohl verborgen in dieser Schatzkammer des Altertums? Einige Bestandteile der baltischen Mythologie reichen nicht nur in prähistorische Zeiten zurück und nicht nur in die Vorgeschichte der Indo-Europäer, sondern haben ihre Wurzeln sogar in noch älteren Epochen.

Die Kultur der Ureinwohner des europäischen Subkontinents unterscheidet sich deutlich von jener, die die Indo-Europäer mitbrachten. Das Studium prähistorischer Symbole und die vergleichende Analyse vor-indo-europäischer Artefakte zeigt, daß die Mythologien nahezu aller Nationen auf ein matriarchalisches, chthonisches (d.h. erdzentriertes) Weltbild hindeuten. Diese Glaubensstruktur, charakteristisch für Landwirtschaft betreibende Gesellschaften, ist am Mond orientiert und basiert auf den Erneuerungszyklen der Natur und des Mondes. Die matriarchalische Ideologie wird von allwissenden Göttinnen beherrscht. Es ist bemerkenswert, daß die baltischen Göttinnen, wie *Laima, Ragana, Giltinė, Laumė* und andere bis ins 20. Jahrhundert hinein Züge bewahrt haben, die man auch in Beschreibungen von griechischen Göttinnen wie *Athene, Hera oder Hekate* findet, die etwa 2500 Jahre früher aufgezeichnet wurden. Seit Aeonen sind diese Züge eng verwoben mit dem universellen Fluß von Geburt, Tod und Erneuerung und blieben deshalb bedeutender und essentieller als ein Weltbild, das von bewaffneten, männlichen Gottheiten repräsentiert wurde. Die Vorstellung von diesen Göttinnen drang so tief ins Bewußtsein, daß sie weder von den Indo-Europäern, noch von der christlichen Religion ausgemerzt werden konnte.

Zweifelsohne stammen diese Göttinnen aus prähistorischen Zeiten. Einige ihrer Merkmale, zum Beispiel die Fähigkeit, sich in Vögel, Schlangen, Wild oder Bären zu verwandeln, stammen vermutlich aus der späten paläolithischen Ära. Andere, wie ihre Verbindung mit der Fruchtbarkeit der Erde, wurden wahrscheinlich hinzugefügt, als die Landwirtschaft dominanter wurde. Alle von ihnen werden in Verbindung gebracht mit den geheimnisvollen Kräften des Wassers, der Erde und des Gesteins. Aus diesen Elementen wurde das Leben geformt, und die Göttinnen repräsentieren ihre Kraft. Andererseits besitzen sie auch ein zerstörerisches Potential, denn ihre Kräfte befinden sich nicht immer in einem kontrollierten Gleichgewicht. Die Nebengöttinnen können entweder Helferinnen der Hauptgöttinnen sein oder sie dienen dazu, einige deren Kräfte hervorzuheben. Ein weiterer Gesichtspunkt der archaischen europäischen Mythologie ist, daß die selben oder ähnliche Göttinnen unter verschiedenen Namen in Erscheinung treten können. Beispiele sind *Laima* und *Giltinė*, die drei *Laimos*, die drei Schwäne; des weiteren können sie in Gruppen auftreten. Auf diese Weise kann eine große Zahl von *Raganos* und *Laumės* zusammen erscheinen; wenn das der Fall ist, ist eine von ihnen die oberste. Dieses Merkmal reflektiert die matriarchalische Struktur.

Die Göttinnen des altertümlichen Europa sind nicht zu trennen von Erde und Wasser, während die indo-europäischen Götter und Göttinnen stärker mit dem Himmel und den Himmelskörpern (Sonne, Mond und Sterne) assoziiert werden, sowie auch mit Phänomenen wie Blitz und Donner. Dies ist bezeichnend für viehhütende Kulturen. In den meisten der indo-europäischen Sprachen sind die Namen der Hauptgottheiten ähnlich. So ist der *Dievas* der Balten (Pruzzisch *Deyws*), der Gott des Himmels und des Blitzes, verwandt mit *Dyaus* aus dem Sanskrit, dem griechischen *Zeus* (eine Umwandlung von *Djeus*), dem lateinischen *Deus* und dem germanischen *Tivaz*. In der finno-ugrischen Sprache lautet das Wort für Himmel *taivas*. Das bedeutet, daß es ein Lehnwort aus dem Indoeuropäischen sein muß, welches die Verbindung mit dem Himmel und dem dem Himmel entfließenden Licht veranschaulicht. In einigen Sprachen hat das Wort nicht überlebt, aber seine Bedeutung wurde erhalten. So gibt es deutliche Parallelen zwischen dem *Perkūnas* der Balten und dem skandinavischen *Thor* oder dem germanischen *Donar* – sie alle sind Götter des Donners. Vergleichende Mythologie beweist, daß die indo-europäischen Götter und Göttinnen einen gemeinsamen Ursprung haben.

In der baltischen Mythologie sind die bedeutendsten indo-europäischen Götter und Göttinnen: *Dievas* (auf lettisch *Dievs*), seine Zwillingssöhne, die *Dievo sūneliai* (auf lettisch *dieva dali*), die Sonne *Saulė* und ihre Tochter *Aušrinė* (auf lettisch *Auseklis*), der Mond *Mėnulis* (auf lettisch *Meness*), der Himmelsschmied *Kalvis* (auch *Kalvelis, Kalvaitis*), der Donnergott *Perkūnas*, *Velinas* (auf lettisch *Vel*s, auf pruzzisch *Patola*s) und die Gottheiten des Feuers *Gabija, Gabjaujis* oder *Jagaubis*.

Als die Indo-Europäer die Küste der Balten erreichten, wurde *Laima*, die oberste Göttin des altertümlichen Europa, nicht verdrängt, sondern sie teilte einige ihrer Funktionen mit dem indo-europäischen Gott *Dievas*, der der Gott des Lichtes wurde, Förderer des Pflanzenwachstums und die Fähigkeit hatte, die Zukunft vorherzusagen. Auf diese Weise erwarb die baltische Mythologie ein herrschendes Götterpaar, *Laima* und *Dievas*, die *Hera* und *Zeus* aus der griechischen Mythologie ähneln.

Was die christlichen Beobachter sahen und beschrieben, war für gewöhnlich oberflächlich, da sie Fremde in diesem Land waren und die Landessprache nicht verstanden. Deshalb ist die grundlegende Quelle zur Rekonstruktion der alten baltischen Religion vor allem die Folklore; sie ergänzt die schriftlichen geschichtlichen Quellen und die archäologischen Befunde. Die baltische Architektur bestand ausschließlich aus Holz, wie im übrigen nördlichen Europa auch. *Domos sacres* und *sacred villas*, bekannt aus Dokumenten des 14. Jahrhunderts, sind nicht erhalten geblieben, denn während die Jahrhunderte vorbeizogen, erhoben sich christliche Kirchen auf dem Boden heidnischer Heiligtümer. Erst 1955-57 wurden im östlichen Baltikum Überreste von hölzernen Tempeln und großen Heiligtümern entdeckt. Ausgrabungen Tretjakovs südlich von Smolensk zeigten deutlich, daß einige der befestigten Bergspitzen-Dörfer nicht unbedingt Wohnanlagen waren, sondern Heiligtümer. Die entdeckten Bergspitzen-Heiligtümer sind datiert vom 1. Jahrhundert v.Ch. bis etwa ins 6./7. Jahrhundert n.Ch., und mehrere aufeinanderfolgende Stätten enthüllen Rückstände runder, hölzerner Tempel. Diese sind mit Sicherheit die Vorgänger der *sacred villas*, die aus der Frühgeschichte bekannt sind. Es heißt, daß einige der heiligen Städte im mittleren und östlichen Litauen wichtige religiöse Zentren waren, in denen sich Menschen aus verschiedenen Provinzen zu religiösen Bräuchen versammelten. Was aber war die Bedeutung der hölzernen Stele innerhalb des Tempels, die man in einigen der Anlagen gefunden hat? Sie könnte entweder die Darstellung eines Gottes gewesen sein oder einfach ein mit Tierschädeln versehener Pfahl. Denn bis ins 20. Jahrhundert hinein glaubte man in Litauen, daß der Schädel eines Pferdes oder Bullen (oder allein die Hörner) Schutz bietet vor dem bösen Blick, vor Krankheiten bei Menschen wie auch Tieren, Hagelschauern oder anderen natürlichen Gefahren, und man hängte ihn an einem hohen Pfahl auf, wo auch immer Gefahr drohte. Bis vor Kurzem noch wurden Pferdeköpfe, Hörner, Ziegenböcke, Widder, Hähne und andere Vögel als Giebeldekoration verwendet.

*Sonnenstele am Ostseestrand
in der Nähe von Palanga*

Am Vorhandensein von Priestern, die Rituale vollzogen und Gebete vortrugen, gibt es keine Zweifel. In den frühen geschichtlichen Aufzeichnungen werden sie fortwährend erwähnt als *sancti viri, auguri, nigromantici* oder *sacerdotes*. 1075 sagte Adam von Bremen, der über die Kurländer schrieb: „Ihre Häuser sind voll von heidnischen Wahrsagern, Hellsehern und Nekromanten, die sogar nach klösterlicher Gewohnheit geordnet sind. Aus allen Teilen der Welt kommen sie dorthin und suchen orakelhafte Antworten, besonders die Spanier und Griechen." Die Priester waren weise alte Männer, die vom Volk gewählt und mit großem Respekt behandelt wurden. Quellen aus dem 16. Jahrhundert berichten, daß sie als göttliche Persönlichkeiten angesehen wurden, ähnlich wie die christlichen Bischöfe. Peter von Dusburg schrieb 1326, daß es in der pruzzischen Provinz Nadruva, in dem Ort Romuva, einen mächtiger Priester mit dem Namen *Krive* gab, den die Menschen als Papst verehrten und dessen Herrschaft sich nicht nur über Nadruva ausweitete, sondern auch über das gesamte Litauen, Kurland und Semgallien. Als einziger sogenannter „Papst" in den geschichtlichen Aufzeichnungen war *Krive* hoch angesehen bei Königen, Adel und gemeinem Volk, und seine Herrschaft erstreckte sich während der Kriege mit dem Deutschen Orden über nahezu alle baltischen Länder. Es ist fraglich, ob es derartig mächtige Priester bereits in früheren Zeiten gegeben hat; das Auftauchen priesterlicher Macht im 14. Jahrhundert mag damit zusammenhängen, daß sich die alte Religion genau zu dieser Zeit vom Eindringen christlicher Feinde bedroht sah. Theokratie ist unter den baltischen Völkern nicht bezeugt – politische Macht lag in den Händen der Könige. Jedoch war die heidnische Religion allumfassend und beeinflußte alle Bereiche des Lebens.

Der Brauch der Feuerbestattung bestand noch lange nach der Einführung des Christentums und wurde erst als Ergebnis eines erbitterten Kampfes christlicher Missionare gegen diese Methode aufgehoben. Bis zum Ende des 14. Jahrhunderts wurden litauische Könige und Herzöge mit großem Prunk verbrannt. Algirdas wurde 1377 zusammen mit 18 Pferden in einem Wald nördlich von Vilnius bestattet. „Er wurde mit den besten Pferden verbrannt, in goldglänzenden Gewändern und gegürtet mit einem vergoldeten Silbergürtel, und er war bedeckt mit einer Robe, gewoben aus Perlen und Edelsteinen." Algirdas' Bruder Kęstutis wurde 1382 in einer ähnlichen Weise begraben, „und man konnte eine mächtige, tiefe Grube sehen, die mannshoch gefüllt war mit Asche – und nichts entkam dem Tod: Pferde, Gewänder, Waffen, etc., alle wurden vom Feuer verschlungen; Jagdvögel und Hunde wurden mit ihm verbrannt." Der Historiker Dlugosz, der zu Beginn des 15. Jahrhunderts wirkte, erwähnt, daß die Litauer in heiligen Hainen

Feuerstellen hatten, jede Familie und jedes Haus seine eigene, wo sie ihre Verwandten und engsten Freunde zusammen mit Pferden, Satteln und kostbarer Kleidung verbrannten. Ein französischer Gesandter, der 1413 durch Kurland reiste, bemerkte, daß es eine Sekte unter den Kurländern gab, die noch immer ihre Toten in voller Gewandung und mit den kostbarsten Beigaben auf einem Scheiterhaufen aus reinem Eichenholz in einem nahen Wald verbrannte. Die heiligen Haine, wo die Verbrennungsriten stattfanden, befanden sich für gewöhnlich auf einem Hügel oder einer Erhebung und trugen den Namen *Alka*.

Der angelsächsische Reisende Wulfstan machte während seines Aufenthaltes 880-890 in den Ländern der Pruzzen (Esten) sehr wertvolle Beobachtungen zur Erhaltung der Toten bis zur Verbrennung und über den Bestattungsverlauf.

„Unter den Esten gibt es einen Stamm, der Kälte erzeugen kann, und so können die Toten, die sie einfrieren, lange Zeit liegenbleiben und verfaulen nicht. Wenn jemand zwei Gefäße bringt, voll Bier oder Wasser, dann bringen sie es fertig, daß beide zu Eis erstarren, sei es Sommer oder Winter."

Die Toten zu erhalten und lange Zeit unbegraben zu lassen, war ein Brauch, der aus dem frühesten Altertum stammt und war vermutlich allen indo-europäischen Gruppen zu eigen.

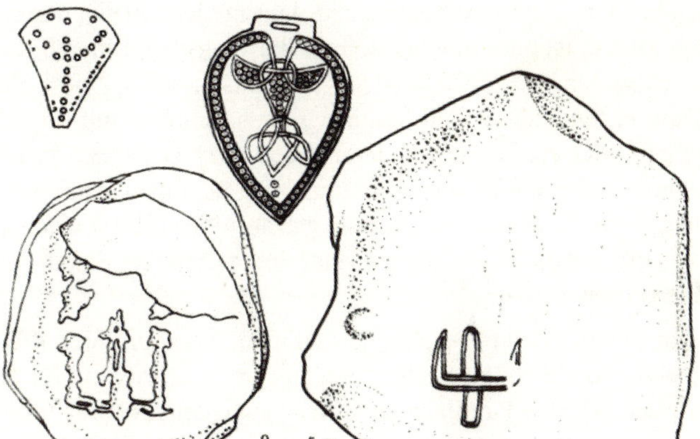

Heilige Zeichen der Pruzzen

Für die ausgiebigen Bestattungsmahle, den baltischen *šermenys* (das Wort kommt von Fütterung; *šerti* – füttern), wurden Ochsen geschlachtet. Klagelieder, die *raudos*, die noch immer lebendig sind in den litauischen und lettischen Dörfern und in vielen Aufzeichnungen seit dem 13. Jahrhundert erwähnt wurden, müssen mit Sicherheit ein Teil der Totenwache bei prähistorischen Bestattungen gewesen sein. Selbst im Krieg verwendeten die Balten viele Tage darauf, die Verstorbenen zu beweinen und zu verbrennen. So begab es sich 1210, daß während des Krieges mit dem Orden des heiligen Schwertes die Kurländer in Riga die Schlacht drei Tage lang für Wehklagen und Bestattungen unterbrechen mußten. Die Toten wurden beklagt, gepriesen und verabschiedet, als wolle man sicher gehen, daß sie unversehrt im Reich der Toten ankommen und fortan unter Eltern, Brüdern, Schwestern und anderen Verwandten verweilen. Die christlichen Missionare verboten diese Klagelieder immer wieder und den Klagenden wurden Strafen auferlegt; doch trotz all dem haben die *raudos* überlebt bis in moderne Zeiten, und so wurde ein schönes Stück lyrischer und sehr bewegender Volksdichtung erhalten.

Der Tod eines Bauern mußte umgehend seinen Pferden und seinem Vieh bekanntgegeben werden, und starb ein Imker, mußten die Bienen unterrichtet werden, sonst würden die Tiere und Bienen sterben. Das Pferd durfte seinen Herrn nicht zum Friedhof tragen, denn täte es das, würde es krank werden oder sterben. Dieser Glaube, der bis zum Anfang des 20. Jahrhunderts in den litauischen Dörfern weiterbestand, ist nur ein Überbleibsel dieser großen Empathie, die einmal zwischen Mensch und Tier bestanden hat. In prähistorischen Zeiten glaubte man, daß die Tiere in die andere Welt hinüber gingen, um dort mit ihren Herren zu leben. Während der ersten Jahrhunderte nach Christus wurden in Litauen und Lettland Pferde stehend und in vollem Zaumzeug begraben, damit sie bereit waren, geritten zu werden. Peter von Dusburg gab an, als er 1326 von der pruzzischen Religion sprach, daß die Notanger, ein zentraler pruzzischer Stamm, auf Pferden sitzend verbrannt wurden.

Verstorbene Krieger und Bauern, so sagt man, ritten auf ihren Pferden durch den Himmel in das Reich der Seelen, und zu Pferde kehrten sie für gewöhnlich zur Erde zurück, um ihre Familien zu besuchen und dem Fest der Toten im Oktober und vielen anderen Jahresfeiern beizuwohnen. Aufzeichnungen aus dem 17. Jahrhundert beschreiben, wie während des Festes der Toten Eingeweide und Haut eines Pferdes zum Grabe gebracht wurden, um den Toten beim Ritt zum Gastgeberhaus behilflich zu sein.

Während der andauernden Kriege zwischen den Teutonen und den Litauern, brachten die Chronisten, die die Kämpfe beschrieben, oft ihr Erschüttern darüber zum Ausdruck, wie leichtfertig sich die Litauer selbst das Leben nahmen. Der erschreckendste Vorfall begab sich 1336 auf der Burg Pilėnai bei dem Fluß Nemunas. Als die Litauer erkannten, daß sie dem Ansturm der Teutonen nicht länger standhalten könnten, entzündeten sie ein großes Feuer, warfen all ihren Besitz und ihre Schätze hinein, töteten ihre Frauen und Kinder und boten dann den eigenen Nacken ihrem Anführer Margiris zur Enthauptung. Während der selben Belagerung enthauptete eine alte Frau mit einer Axt 100 Menschen, die sich freiwillig von ihren Händen töten ließen; und als der Feind durchbrach, spaltete sie ihren eigenen Kopf mit derselben Axt. Der Chronist Wigand von Marburg, der diese Szene in seiner gereimten Chronik von 1393-94 beschreibt, nannte dieses Schauspiel eine Glaubensmißachtung und schloß mit den Worten: „Jedoch ist es nicht gänzlich verblüffend, da sie dies gemäß ihrer Religion getan haben, in welcher der Tod viel leichter akzeptiert wird.“ Nach einem erfolglosen Angriff in Estland im Jahre 1205 erhängten sich 50 Frauen gefallener Krieger selbst. „Das ist kein Wunder“, schreibt Henry von Lettland in seiner *Chronicon Livoniae*, „denn immerhin glaubten sie, daß sie sehr bald wieder mit ihren Männern vereint würden.“

Im Licht dieser Quellen, können die vielen Massengräber der chalkolithischen Periode im baltischen Gebiet dem obligatorischen Tod und der Bestattung überlebender Frauen, Männer und Kinder nach dem Tod eines Familienmitglieds zugeschrieben werden. Starben der Lehnsherr oder der König, hatten ihm nicht nur seine Familienmitglieder zu folgen, sondern auch seine Dienerschaft und Lieblingssklaven. Die Praxis, einen Verstorbenen zusammen mit Menschen zu bestatten, wurde vom christlichen Glauben verboten, doch findet man ihren Nachhall noch in einigen Bräuchen und Volksliedern der Letten und Litauer. So ist die Bestattung eines verlobten Mädchen oder Jungen eher wie eine Hochzeit: Hochzeitslieder werden gesungen, Tänze getanzt, und sowohl der lebende als auch der verstorbene Partner trägt Hochzeitskleidung. Man glaubte, daß tote Verwandte und Freunde an den Hochzeitsfeierlichkeiten teilnahmen. Selbst in diesem Jahrhundert gab es litauische Mädchen, die einen Rautenkranz, ein Symbol für Keuschheit, ans Grab ihres Geliebten brachten. Die Hochzeit der Toten hängt nicht nur mit dem Glauben an den Fortgang des Lebens nach dem Tod zusammen, sondern auch mit der Vorstellung, daß Leute, die unverheiratet sterben, wie auch all diejenigen, die eines unnatürlichen Todes sterben, eine Gefahr für die

Lebenden darstellen, weil sie nicht die ganze Spannweite des Lebens erfahren durften. In den baltischen Sprachen kommt das Wort für Teufel oder Böser Geist, den *velnias*, von eben diesen gefährlichen Toten, die zurückkehren und die Lebenden bedrohen.

Die baltischen *vėlės* – die Seelen der Verstorbenen – gehen auf einen sandigen Berg, den Berg der *velh*, wo sie ihr öffentliches und ihr Familienleben weiterleben, wo sie ihre Häuser und Haushaltsgeräte haben und wo sie in leinene Kleidung gehüllt sind. Auf diesem Berg gibt es Tore, durch die die *vėlės* eintreten und Bänke, auf denen sie sitzen. In den Beschreibungen des Nachlebens in der lettischen und litauischen Volksdichtung kommen diese Besonderheiten immer wieder vor. Die Verse scheinen die Vorstellungen von alten Hügelgräbern, Holzkammern oder Steingewölben erhalten zu haben. Viele Passagen in lettischen Volksliedern sprechen von einem Friedhof auf einem kleinen sandigen Berg, der oft so voller Gräber ist, daß kein Raum mehr für neue Ankömmlinge da ist. Vielleicht erinnern sie an die gemeinschaftlichen Hügelgräber der Bronzezeit mit ihren hunderten von Gräbern oder an die Hügelgräber der Eisenzeit mit mehreren Gräbern von einer Familie.

Neben dem Reich der *vėlės* auf einem „hohen sandigen Berg“ in der Nachbarschaft des Dorfes, das die realistischere Seite der Vorstellungen der Menschen über das Leben nach dem Tod darstellt, gibt es noch einen imaginären Berg oder steilen Felsen, den die Toten erklimmen müssen. Dafür brauchen sie starke Fingernägel oder die Hilfe von Tierklauen. Auf dem steilen Berg residiert *Dievas* (Gott) und versammelt die *vėlės* um sich herum. Hier wird das erste mal die Verbindung zwischen dem Wohnsitz Gottes (litauisch *Dievas*, lettisch *Dievs*) und dem Wohnsitz der Toten deutlich. Weiterhin erfahren wir aus den mythologischen Liedern, daß das Ziel der *vėlė* nicht der Berg ist, der der Vorstellung vom Himmel entspricht, sondern ein Ort jenseits des Berges.

Der Weg zu diesem mystischen Ort ist lang. Die *vėlės* können auf Pferden durch den Himmel reiten, mit dem Rauch des Bestattungsfeuers aufsteigen oder wie Vögel durch die Milchstraße, die im litauischen die „Vogelstraße“ heißt, fliegen; auch können sie mit dem Boot durch die Wasser des Meeres, des Daugava oder Nemunas Flusses in den Westen fahren, wie es die Sonne in der Nacht tut. Dort schläft die Sonne, dort wäscht sie ihre Pferde und dort erscheinen auch andere Götter: *Dievas*, der Donnergott, der Mond und die Gottheit des Meeres. Und irgendwo an diesem abgelegenen Ort befinden sich der graue Stein und der Sonnenbaum oder die eiserne Stele und an der Stele zwei Pferde. Diese repräsentieren den kosmischen Baum der Balten, die Himmelsachse, und haben große Ähnlichkeit mit den Mythologien der Hindu, Römer, Slawen und Germanen. In der Folklore ist dieser Baum gewöhnlich eine Eiche oder Birke mit silbernen Blättern, kupfernen Ästen und eisernen Wurzeln; manchmal ist es auch eine riesige Linde oder ein Apfelbaum. Er steht auf dem Stein am Ende des „Sonnenweges". Die Sonne hängt ihren Gürtel an die Äste, schläft in der Krone dieses Baumes, und wenn sie sich am Morgen erhebt, färbt der Baum sich rot.

„Hinter dem Berg ist meine Mutter, dort, wo die Sonne weilt" heißt es in dem lettischen Lied. Die Toten reisen ins Reich der Götter, ins Reich des Lichtes, ans Ende der sichtbaren Welt. Noch heute sagt man: „Er ist im Reiche *dausos*". Das litauische Wort *dausos* bewahrt die Bedeutung eines geheimnisvollen Reiches und kann nicht mit „Paradies" oder „Himmel" übersetzt werden. Die Abreise der *vėlė* kennzeichnet nicht das Ende der physischen Verbindung zwischen den Lebenden und den Toten. Neben der *vėlė*, die der griechischen *psyche* vergleichbar wäre, gab es die *siela*, der römischen *anima* oder griechischen *pneuma* verwandt – eine lebendige Kraft, die die Erde nicht verließ. Sie reinkarnierte sich in Bäume, Blumen, Tiere und Vögel. Die *siela* entschwand dem Körper als Atem, als Dampf und nistete sich in Pflanzen, Tieren oder Vögeln ein. Manchmal würde sie in Gestalt eines Schmetterlings, einer Biene, Maus, Kröte oder Schlange direkt aus dem Mund kommen oder aus dem Mund eines jungen Mädchens in Gestalt einer Lilie herauswachsen. Am häufigsten aber reinkarnierte sie sich in Bäume: die Geister der Männer in Eichen, Birken und Eschen; die der Frauen in Linden und Fichten. Die baltischen Völker haben sehr enge Beziehungen zu diesen Bäumen. So haben die Eiche und die Linde eine Schlüsselfunktion in der Folklore. Im Augenblick der Geburt eines Menschen, wird ihm ein spezieller Baum zugewiesen und dieser wächst, durchtränkt mit denselben Lebenskräften, wie sein menschliches Gegenstück. Wenn der Baum gefällt wird, stirbt der Mensch. Bäume, die auf alten Friedhöfen in Litauen wachsen, würde man niemals beschneiden, denn ein altes Sprichwort besagt, daß man den Verstorbenen Böses tut, wenn man einen Friedhofsbaum beschneidet. Noch ist es zulässig, das Gras zu mähen: „Von Friedhofsgras fließt unser Blut", heißt es im Sprichwort. Nach den Pflanzen würden die Geister am wahrscheinlichsten in Vögel übergehen – Frauen in einen Kuckuck oder eine Ente, Männer in einen Falken, eine Taube, einen Raben oder einen Hahn. Einige würden sich auch in Wölfe, Bären, Hunde, Pferde oder Katzen inkarnieren. Auf protestantischen Friedhöfen in der Mitte des 19. Jahrhunderts wurden im pruzzischen Litauen (dem Gebiet um Klaipėda) hölzerne Grabsteine gefunden, die den Gestalten von Kröten und anderen Reptilien ähnelten, kombiniert mit Motiven von Blumen und Vögeln; andere Grabmonumente waren mit Pferdeköpfen gekrönt.

So kommt es, daß die Vorstellung vom Tod und dem Nachleben einen dualistischen Charakter hat. Die *vėlė* und die *siela* sind zwei sehr unterschiedliche Wesenheiten. Die *vėlė* ist ein blutleerer, körperloser Geist, wohingegen die *siela* die Essenz des Lebens, der Kraft und der Energie ist. Dieser Dualismus erklärt sich, wenn man bedenkt, daß diese Wesenheiten aus verschiedenen religiösen Systemen übernommen wurden: die *vėlė* von den Indo-Europäern, die *siela* aus dem archaischen vor-indo-europäischen Europa.

Die Erde ist unsere große Mutter. Alles Leben entspringt ihr: Menschen, Pflanzen und Tiere. Auf Lettisch nennt man sie *Zemes mate*, „Mutter Erde", auf litauisch *Žemyna*, von *žemė* – „Erde". Die Vorstellungen von ihrer menschlichen Gestalt sind vage – sie ist die Erde, die das Geheimnis des ewigen Lebens hütet. Man gibt ihr so bildhafte Namen wie: „die Blühende" oder „die Keimerweckende".

Palemonas - Kulthügel

Ihre Funktionen sind aufgeteilt unter einigen niedrigeren Gottheiten des Waldes, des Feldes, des Gesteins, des Wassers und der Tiere, die in der lettischen Folklore Namen erhielten wie: „Mutter des Waldes", „Mutter des Feldes", „Mutter der Quellen", „Mutter der Haustiere" und so weiter. Kardinal Oliver Scholasticus, Bischof von Paderborn, erzählt von den baltischen Heiden in seiner Beschreibung des Heiligen Landes, geschrieben um 1220, wie folgt: „Sie verehren Waldnymphen, Waldgöttinnen, Berggeister, Ebenen, Gewässer, Feldgeister und Waldgeister. Sie erwarten göttlichen Beistand von unberührten Wäldern, in denen sie Quellen und Bäume verehren, Erdwälle und Berge, steile Felsen und Berghänge – sie alle statten vermutlich die Menschheit mit Kraft und Stärke aus."

Der Mensch wird aus der Erde geboren; Babys tauchen aus Quellen auf, aus Teichen, Sümpfen, Bäumen oder kleinen Hügeln. Bis ins 18. Jahrhundert hinein opferten die Litauer *Žemyna* Gaben zur Geburt eines Kindes. Die Erde mußte am Morgen und am Abend geküßt werden. Opfergaben für die Kraft der Erde – Bier, Brot, Getreide, Kräuter oder ein Roggenbündel – wurden vergraben, vor Steine gelegt, an Bäume gebunden oder ins Meer, in Flüsse, Seen und Quellen geworfen. Laut Aufzeichnungen aus dem 17. Jahrhundert gab es in den Dörfern keine Feste, während denen die Erdgottheit *Žemyna* nicht verehrt wurde.

Während des Festes im Monat Oktober verehrten die Litauer neben *Žemyna* auch die Gottheit der Heimstätte, *Žemėpatis*, den man für einen Bruder *Žemynas* hält. Der Gott der Heimstätte erscheint im Litauischen auch als *Dimstipatis* (von *dimsti,* „Heimstätte"). Bei den Letten ist es *Majas Kungs*, „der Herr der Heimstätte". Eine gesonderte Gottheit war der Herr der Felder, der litauische *Laukpatis* (von *laukas*, „Feld" und *patis*, „Herr") oder *Lauksargis*, der „Hüter der Felder" (von *sargas*, „der Hüter"), und es gab Gottheiten oder Geister von Blumen, Laub, Gras und Wiesen, Roggen, Flachs oder Hanf. Der Getreidegeist versteckte sich im Roggen oder in anderen Getreidefeldern, und man glaubte, daß er in der letzten Garbe inkarniert sei, die man erntete. Die Litauer formten diese Roggengarbe zur Gestalt einer Frau; sie wird noch immer *regių boba* genannt, „das alte Roggenweib". Sie wurde nach Hause getragen, am Erntedankfest gefeiert und dann bis zum Erntedankfest des nächsten Jahres im Hause behalten. Der Getreidegeist der Pruzzen nahm die Gestalt eines Hahnes an und wurde *Kurke* genannt (bekannt als *Curche* im lateinischen Text des Vertrages zwischen dem Deutschen Orden und den Pruzzen von 1249). Am Erntedankfest wurde ein Hahn geopfert, und auf den Feldern ließ man einige Ähren Getreide für den Getreidegeist zurück. Bäume und Blumen, Haine und Felder, Felsen und Hügel und Gewässer brachte man mit übernatürlichen, lebensspendenden Kräften in Verbindung. Man glaubte, sie wären den Menschen ein Segen, weil sie Krankheiten heilten, sie gegen Unglück schützten und Gesundheit und Fruchtbarkeit sicherten. Alle Offenbarungen der Fruchtbarkeit der Erde wurden liebevoll umsorgt und beschützt; Aufzeichnungen vom 11.-15. Jahrhundert erwähnen wiederholt einen tiefen Respekt gegenüber den Hainen, Bäumen und Quellen. Und den „Unwissenden" (zum Beispiel den Christen) wurde der Zutritt zu den heiligen Wäldern oder Hainen (*sacrosanct sylvan*) verwehrt. Niemandem war erlaubt, in den heiligen Wäldern Bäume zu fällen, in den heiligen Quellen zu fischen oder in den heiligen Feldern zu pflügen, welche man verschiedenartig als *Alka, Alkas* oder *Elkas* bezeichnete und die durch ein Verbot beschützt wurden. Der Name selbst deutet darauf hin, daß diese Reservate unberührter Natur unantastbare und geschützte Orte waren: die Wurzel *alk-, elk-* ist dem gotischen *alh*s, dem altenglischen *ealh* und dem altsächsischen *alah* verwandt, was soviel wie „das beschützte", „das unverwundbare" bedeutet. In den heiligen *Alkas* wurden den Göttern geweihte Opfer gebracht und Feuerbestattungen fanden statt. Für gewöhnlich wurden Tiere wie Eber und Schweine, Ziegenböcke, Schafe Kälber, Hähne und Hennen geopfert, wie durch Ausgrabungen und Aufzeichnungen bezeugt wird.

Da die heiligen Orte von Schweigen erfüllt waren, tragen eine Anzahl heiliger Berge und Wälder in Ost-Pruzzen und Litauen Namen mit der Wurzel *rom-* oder *ram-*, was „still" bedeutet; einer davon ist der heilige Berg *Rambynas* am Nordufer des niederen Nemunas in der Nähe von Tilžė (Tilsit), der seit dem 14. Jahrhundert in den Aufzeichnungen erwähnt wird. Ein Stein mit einer flachen Oberfläche krönte einstmals diesen Berg und frisch vermählte Paare brachten dort geweihte Opfer dar, mit denen sie um Fruchtbarkeit im Hause und reiches Getreide auf den Feldern baten. Das Wasser, das auf dem Rambynas gefunden wurde, suchte man mit Vorliebe zum Waschen und Trinken auf. Wälder und Städte mit den Namen *Romuva, Romainiai* und ähnlich haben historische Traditionen, die auf die alten heiligen Orte zurückgehen. Aufzeichnungen des 14. Jahrhunderts erwähnen eine heilige Stadt („villa") *Romene* im Zentrum Litauens.

Eiche, Birke, Ahorn, Kiefer und Fichte waren die wichtigsten der heiligen Bäume. Besonders den alten, mächtigen, zweistämmigen Bäumen schrieb man starke Heilkräfte zu. Sie waren unberührbar, niemand wagte es, sie zu fällen. Historische Aufzeichnungen seit dem 13. Jahrhundert erwähnen „heilige Eichen", die dem Gott *Perkūnas* geweiht waren, oder „heilige Linden", die *Laima*, der Göttin des Schicksals, geweiht waren und denen man Opfergaben darbot. Ein Graben oder Steinkreis umgab solche Bäume. Einen Stecken von einer Esche, einen Wacholderzweig, Holunder, Weide oder Eberraute (*Artemisia abrotanum*) oder sonst einen grünen Zweig hielt man für eine effektive Waffe gegen böse Geister.

Wälder hatten ihre eigenen Göttinnen und Götter. *Medeinė* (der Name kommt von *medis*, „Baum") war die litauische Waldgöttin, wie in Aufzeichnungen aus dem 13. Jahrhundert berichtet wird. Quellen des 18. und 19. Jahrhunderts erwähnen einen männlichen Gott der Wälder, *Giraitis*. In der lettischen Folklore begegnen wir einer „Waldmutter" und einem „Waldvater", und es gab außerdem eine „Mutter der Büsche". Eine besondere Erdgottheit, die unter Holunderbüschen lebte, war *Puškaitis*, der über gutmütige, kleine, unterirdische Männlein herrschte, die *Barstukai* (oder *Parstukai*) und die *Kaukai*. Wenn man dem *Puškaiti*s opferte, brachten die kleinen Männlein Unmengen von Getreide und machten die Hausarbeit. Im Laufe besonderer Feste für die *Barstukai* wurden mit Brot, Fleisch, Käse und Butter beladene Tische in den Scheunen hinterlassen, wo die kleinen Männlein um Mitternacht hinkamen und aßen. Als Gegenleistung für diese großzügige Behandlung wurden die Bauern mit reichlicher Ernte belohnt.

In Liedern werden Bäume und Blumen nicht realistisch beschrieben, sondern ihre wesentlichen Bestandteile werden hervorgehoben: die Knospe und die Krone, ihre Vitalität und Fruchtbarkeit. „Eine grüne Linde ist gewachsen, mit neun Ästen und einer prächtigen Krone". Ein Baum ist gewöhnlich drei, sieben oder neun „Stockwerke" hoch. Er ist ein lebendes Symbol, wird in der Volkskunst bewacht von Zwillingsfiguren oder Köpfen männlicher Tiere – Pferde, Bullen, Hirsche, Ziegenböcke, Schwäne – oder er wird von Sonnen, Monden und Sternen umrundet; oder aber ein Vogel sitzt auf ihm. In den Volksliedern haben die Pflanzen goldene oder silberne Knospen und der Vogel in der Spitze eines Baumes ist ein Kuckuck, der Verkünder des menschlichen Schicksals.

Ein besonderer, kosmischer Baum der baltischen Völker war die hölzerne, überdachte Stele, gekrönt mit Symbolen der Himmelsgottheiten – Sonnen, Monden, Sternen – und bewacht von Hengsten oder Schlangen. Bis ins heutige Jahrhundert könnte man in Litauen überdachte Stelen und Kreuze mit einem Sonnensymbol um die Kreuzarme herum vor Heimstätten, auf Feldern, neben heiligen Quellen oder in Wäldern antreffen. Aufgestellt wurden sie zum Anlaß einer Hochzeit oder Krankheit, während Epidemien oder um gute Ernten zu sichern. Wenn auch keines dieser vergänglichen Monumente älter als zweihundert Jahre ist, so ist doch ihr Vorhandensein in vorchristlicher Zeit von historischen Dokumenten

Drei Stelen in einem heiligen Alkos

bestätigt, die sie als Relikte der alten Religion beschreiben. Christliche Bischöfe wiesen den Klerus an, die Stelen und Kreuze zu zerstören, vor welchen die Bauern Opfergaben niederlegten oder an denen sie andere heidnische Riten beobachteten. Die überdachten Stelen und Kreuze in Litauen entgingen der Zerstörung, indem die Menschen einige christliche Symbole an ihnen befestigten und sie auf diese Weise nach und nach unter den Schutz der katholischen Kirche brachten. Trotzdem sind sie Monumente des vorchristlichen Glaubens und ebenso Beispiele litauischer Volkskunst. Ihre symbolischen und dekorativen Elemente festigen die direkte Verbindungen zur Kunst der Eisenzeit.

Es gibt eine Unmenge an alten Legenden, die von riesigen Steinen mit Löchern oder „Fußabdrücken" handeln. Ein rundes Loch in einen Stein zu bohren, bedeutete, die Erdkraft, die dem Stein innewohnt, zu befruchten. Wenn Regenwasser in diese Löcher fiel, rief es magische Eigenschaften hervor. Bis vor nicht all zu langer Zeit, machten baltische Bäuerinnen an solchen Steinen halt, wenn sie nach der Arbeit nach Hause gingen, um ihre Schmerzen und Wunden zu heilen, indem sie sich mit dem Wasser wuschen. Man fand in den baltischen Ländern ebenso viele Steine, in die Symbole von Sonnen und Schlangen gemeißelt waren, wie anderswo in Nord- und Westeuropa von der Bronzezeit an. Von einem großen Stein in der Form eines Frauentorso, der sich im 19. Jahrhundert in Litauen befand, glaubte man, er besäße magische Eigenschaften, die einer vermeintlich unfruchtbaren Frau die Fruchtbarkeit schenken würden. Aus einer Beschreibung des Jahres 1836 erfahren wir, daß es in Litauen Steinmonumente gab – für gewöhnlich um die 2 Meter hoch, glatt geschnitten und von einem Graben umgeben – die Göttinnen geweiht waren – man glaubte, sie verbrächten ihre Zeit auf dem Stein und webten das Schicksal der Menschen. 1605 berichtete ein Jesuit von einem Steinkult im westlichen Litauen: „Riesige Steine mit natürlichen Oberflächen wurden Göttinnen genannt. Solche Steine wurden mit Stroh bedeckt und als Beschützer der Feldfrüchte und Tiere verehrt". Eine große Anzahl von Flüssen und Seen heißen *Šventa, Šventoji, Šventupe, Šventežeris* in Litauen und *Sveta upe, Svetupe, Svetais ezers* in Lettland. Die Namen stammen von den Wörtern *šventas, švent-a* (litauisch) und *svet-a* (lettisch), was „heilig" bedeutet. Des Weiteren tragen viele Flüsse die Namen *Alkupe, Alkupis* – jeder von ihnen war heilig und wurde im Altertum verehrt, und einige werden noch heute in Hochachtung gehalten. Niemand wagte es, ihr lebensspendendes Wasser zu verunreinigen, denn es hatte reinigende, heilende und fruchtbar machende Eigenschaften. Wenn man ihnen heiliges Wasser gab, blühten Blumen und Bäume in Hülle und Fülle. Die Felder wurden mit heiligem Wasser besprenkelt, um eine reiche

Ritual an einem heiligen Stein

Ernte zu gewährleisten, die Tiere wurden damit besprüht, um sie gesund zu halten. Sich mit klarem Quellwasser zu waschen, heilte Augen- und Hautkrankheiten. Am Sommeranfang, während der Sommersonnwende (heutige Johannisnacht), badeten die Menschen im heiligen Wasser, um gesund und schön zu werden. Junge Leute badeten darin, damit sie bald heiraten würden. Heilig waren diejenigen Quellen und Ströme, die gen Osten flossen – der Sonne entgegen.

Wassergeister waren wunderschöne Frauen mit verlängertem Oberkörper, sehr langem, blondem Haar und einem Fischschwanz. Sie waren stumm. Wenn es sich einmal begab, daß Menschen sie zu Gesicht bekamen, starrten sie schweigend zurück und breiteten ihr nasses Haar über ihren Fischschwanz, um ihn zu verstecken. Historische Berichte erwähnen einige Namen von Gottheiten der Flüsse (litauisch *Upinis*), der Seen (litauisch *Ežrinis*) und des Meeressturms (litauisch *Bangpūtys*, der „Gott der Wellen", der über das wilde Meer segelt in einem Boot mit goldenem Anker). Bei den Letten gab es *juras mate*, die „Mutter des Meeres“. In Beschreibungen pruzzischer Götter aus dem 16. Jahrhundert finden wir *Autrimpas*, Gott der Meere und großen Seen, *Patrimpas*, Gott der Flüsse und Quellen und *Bardoyats*, den Gott der Schiffe. Außerdem gab es eine gesonderte Gottheit des Regens: der litauische *Lytovonis*, bekannt aus Quellen des 16. Jahrhunderts. Die Gottheiten der Gewässer verlangten nach Opfergaben. Dem Flußgott *Upinis*, zum Beispiel, wurden weiße, saugende Ferkel geopfert, sobald das Wasser einmal nicht klar und rein war.

Feen, genannt *Laumės*, waren merkwürdige, nackte Frauen mit langem Haar und lebten in Wäldern in der Nähe von Wasser und Steinen. Bei Gelegenheit mischten sie sich unter die Menschen – sie sehnten sich nach Mutterschaft. Häufig entführten sie Babys und Kleinkinder und kleideten sie in schöne Sachen. Sie konnten sowohl extrem gutmütig als auch extrem aufbrausend sein. Sie repräsentierten die irrationale Frau. Sie konnten schnell arbeiten und sehr rasch spinnen und waschen, doch wurden sie verärgert, zerstörten sie ihre ganze Arbeit augenblicklich.

Eine übergeordnete Göttin, die alle Balten gemeinsam hatten, war *Laima*, die Göttin des Schicksals. Sie verteilte Glück und Unglück und beschloß die Dauer eines jeden Menschenlebens. Sie überwachte nicht nur das menschliche Leben, sondern auch das der Pflanzen und anderer lebender Dinge. Ihr Name ist nicht zu trennen von dem Wort *laimė* – „Glück“. Das Schicksal tritt für gewöhnlich nur in Gestalt dieser einen Gottheit in Erscheinung, doch wird in Geschichten von drei oder sogar sieben Göttinnen des Schicksals berichtet, ähnlich wie bei den griechischen *moirae* und den germanischen *Nornen.* In litauischen Liedern hat sie manchmal einen Doppelnamen: *Laima-Dalia*, „Glück und Schicksal“. Bei den Letten gab es noch *Dekla*, die den Menschen recht seelenverwandt war, sich um die kleinen Kinder kümmerte und sich über die Geburt eines Babys grämte, dem ein unglückliches Leben vorherbestimmt war. *Laima*, obwohl sie dem Erdenleben sehr nahe steht, ist in ihren Funktionen *Dievas*, dem Himmelsgott, und der Sonne verwandt.

Den großen Impuls der Erde, Leben hervorzubringen, gaben die Dynamik des Himmels und die männlichen Elemente der Natur, verbunden mit den Leben stimulierenden und Bosheit bekämpfenden Kräften. Von den belebenden und dynamischen Kräften der Himmelskörper – Sonne, Mond und Sterne – und solchen Phänomenen wie Donner, Blitz und Regenbogen, männlichen Tieren wie Hirsch, Bulle, Hengst, Ziegenbock, Widder, Hahn, Schwan und anderen Vögeln, und von Reptilien wie Schlangen und Kröten glaubte man, daß sie einen großen

Einfluß auf die Entwicklung pflanzlichen, tierischen und menschlichen Lebens nehmen. Die göttliche Bedeutung dieser lebens- und lichtspendenden Kräfte rief die Personifizierung von Sonne, Mond, Abend- und Morgenstern hervor; Donner und klarer Himmel belebten die Vorstellung von Himmelsgottheiten. Männliche Tiere, Vögel und Reptilien wurden aufgrund ihrer geschlechtlichen Natur oder ihrer Fähigkeit, eine Wetterveränderung zu prophezeien, unzertrennlich mit den Himmelsgottheiten in Verbindung gebracht. Das baltische Pantheon der Himmelsgötter ist dem anderer indo-europäischer Gruppen sehr nah. Zu ihm gehören:

- ***Dievas*** (proto-baltisch *Deivas*), der Gott des strahlenden Himmels, der mit dem altindischen *Dyaus,* dem griechischen *Zeus* und dem römischen *Deus* verwandt ist
- ***Perkūnas*** (litauisch), der Donnergott, lettisch ***Perkons***, pruzzisch ***Perkonis***, in Namen und Funktion dem slawischen *Perun* und dem Hethitischen *Peruna* nah verwandt, außerdem dem altindischen *Parjanya*, dem keltischen *Hercynia*, wie auch dem skandinavischen *Tho*r, dem germanischen *Donar* und dem römischen *Jupiter* (die Eiche, der Baum des *Perkūna*s, heißt auf lateinisch *quercus*, was von *percus* kommt)
- die Sonne ***Saulė***, die den wedischen *Surya* und *Savitar*, wie auch dem frühen griechischen *Helios* und den anderen indo-europäischen Sonnengöttern ähnelt, obwohl die baltische *Saulė* weiblichen Geschlechts ist
- der Mondgott, litauisch ***Mėnuo***, lettisch ***Meness***
- der Morgenstern und Göttin der Morgendämmerung, lettisch ***Auseklis*** und litauisch ***Aušrinė***, die der wedischen *Ushas* und ihrem Gegenstück, der litauischen ***Vakarinė***, dem Abendstern, verwandt sind - die beides Personifizierungen des Planeten Venus

Unter den Himmelsgöttern war auch der göttliche Schmied, den man einfach *Kalvis*, „Schmied", nannte oder *Kalvelis* und *Kalvaitis* in der Verkleinerungsform. Am wichtigsten unter den göttlichen Tieren war das Pferd als Eskorte von *Dievas* und *Saulė*. In mythologischen Liedern wird das Pferd (litauisch *žirgas*, lettisch *zirgs*) so eng mit der Sonne *Saulė* verbunden, daß es manchmal scheint, als stehe es als Symbol für die Sonne. Das zweitwichtigste Tier war als Begleitung des Donnergottes der Ziegenbock (litauisch *ožys*), ein Symbol für Manneskraft und ein Wetter vorhersagendes Tier.

Gemeinsame indo-europäische Wurzeln dieser Götter sind unbestreitbar, besonders in dieser Hinsicht haben die baltischen Götter sehr alte Merkmale bewahrt und ihre enge Verbindung mit den Naturphänomenen (Himmel, Sonne, Mond, Sterne, Donner) nicht verloren. Bis auf *Dievas* und *Perkūnas* waren die anthropomorphischen Bilder der Götter nicht sehr stark entwickelt. Der Name des Gottes *Dievas* steht in direkter Verbindung mit „dem Himmel". Der litauische *Dievas* und der lettische *Dievs* enthalten noch immer die Bedeutung „Himmel" wie im Sanskrit. Die Etymologie des Götternamen erklärt sich durch das Sanskrit-Verb *dyut*, „strahlen", „leuchten", und das Adjektiv *deiuos*, „himmlisch". *Dievas* wird von einem extrem schönen Mann dargestellt, gekleidet in einen silbernen Umhang und eine Kappe, seine Kleidung ist mit Anhängern geschmückt und er ist mit einem Gürtel und einem Schwert ausgestattet. Diese Vorstellung geht zweifellos auf die späte Eisenzeit zurück, denn sie ähnelt stark der Erscheinung eines baltischen Königs. Er ist nicht zu trennen von seinen Pferden – einem, zwei, drei, fünf, neun oder mehr, allesamt in silbernem Zaumzeug, goldenen Satteln und goldenen Steigbügeln. Seine große, umzäunte Heimstatt erinnert sehr an ein Schloß mit ihren drei silbernen Toren, dem Herrschaftshaus, den Bauernhäusern, dem Dampfbad und dem Garten und den Bäumen ringsum. Es liegt jenseits des Himmels, jenseits des Stein-, Silber-, Gold- oder Bernsteinberges. Von diesem Berg aus reitet *Dievas* auf einem Pferd oder fährt in einem Wagen oder Schlitten aus Gold oder Kupfer, goldene Zügel in den Händen, die in goldenen Quasten enden. Er nähert sich der Erde sehr langsam und extrem vorsichtig, um nicht die Tautropfen und Blüten vom immergrünen Schneeballstrauch zu schütteln, um das Wachstum der Schößlinge nicht aufzuhalten, um die Arbeit der Säer und Pflüger nicht zu behindern. Er erweckt den Roggen und zertritt das Unkraut. In lettischen mythologischen Liedern sät er Roggen oder Gerste aus einem silbernen Korb, und unter anderem jagt er und braut Bier. *Dievas* ist der Wächter und Erwecker des Getreides. In diesen Funktionen steht er in enger Verbindung zur Sonne, dem Mond und der Venus. Auch ist er ausgestattet mit der Macht, das menschliche Schicksal und die gesamte Weltordnung zu lenken. Um seinetwillen leuchten die Sonne, der Mond und der Tag. Zusammen mit *Laima*, der Schicksalsgöttin, legt er die Lebensspanne und das Schicksal der Menschen fest. Obwohl *Dievas* größere Kräfte besaß als andere Götter, wurde er nicht als höchster Gott angesehen, der anderen befehlen sollte. Im Pantheon des Himmels war *Dievas* freundlich und demokratisch. Seine Heimstatt und seine Söhne, lettisch *Dieva deli* und litauisch *Dievo sūneliai* , wurden besonders stark mit *Saulė*, der Sonne, und ihren Töchtern assoziiert, die ebenfalls ein Schloß besaßen mit silbernen Toren, jenseits des Berges in einem Tal oder am Ende des Wassers.

Saulės anthropomorphisches Bild ist unklar, aber wichtiger ist auch ihre Reise über den Stein- oder Silberberg in einem Wagen mit bronzenen Rädern, gezogen von feurigen Rössern, die nie ermüden, nie schwitzen und niemals ruhen. Gegen Abend wäscht sie ihre Pferde im Meer, wonach sie auf der Spitze des Berges sitzt, die goldenen Zügel in den Händen, oder sie fährt hinab in den Apfelgarten in neun Wagen, gezogen von hundert Rössern. Auch segelt sie in einem Boot oder ist selbst ein Boot, das im Meer versinkt. Die untergehende Sonnenscheibe wird dargestellt als eine versinkende Krone, ein Ring oder ein roter Apfel, der vom Baum ins Wasser fällt. Der fallende Apfel bringt die Sonne zum Weinen, und die roten Beeren auf dem Berg sind ihre Tränen. Der Sonnenball ist auch manchmal ein Krug oder eine Schöpfkelle, da man das Sonnenlicht für eine flüssige Substanz hielt. Am Abend waschen *Saulės* Töchter den Krug im Meer und verschwinden dann im Wasser. Die Töchter haben vielleicht das Licht dargestellt, das die Sonne bei Abend- und Morgendämmerung verbreitet, und wurden möglicherweise mit den Abend- und Morgensternen in Verbindung gebracht. Während des Sommerfestes am 24. Juni glaubte man, die Sonne wäre geschmückt mit einem geflochtenen Kranz aus Rotfarnblüten und tanzte in silbernen Schuhen auf dem Silberberg. In Liedern sprang und drehte sich *Saulė*. Die lettischen Lieder über die Sonne enthalten im Refrain oftmals *ligo* (*ligot* bedeutet „schaukeln“) oder *rota* (von *rotat* „sich drehen“, „springen“). In der Volkskunst wird die Sonne als Rad, als Kreis oder Kreis mit Strahlen, als Rosette oder Gänseblümchen (welches auf litauisch *saulutė*, „kleine Sonne“ oder *ratilas* „Rad“ heißt) dargestellt. Die energiegeladene Kraft der Sonne, die Regelmäßigkeit ihrer täglichen Reise, ihr Einfluß auf das grüne Leben und das menschliche Glück war eine große Quelle der Inspiration für unzählige Verse altertümlicher, baltischer Dichtung und baltischer Volkskunst. Frühlings- und Sommerfeste (das heutige Ostern und der Johannistag) waren Feste der Freude und des erneuten Auflebens der Natur, während denen der Sonnensymbolismus eine zentrale Rolle spielte. Ein Bauer sendete jeden Tag – am Morgen wie am Abend – Gebete zu *Saulė*, denn jegliche Feldarbeit war abhängig von den Wohltaten der Sonne. Gebete an *Saulė* mußten mit unbedecktem Kopf aufgesagt werden.

Mėnuo oder *Meness*, der Mondgott, war ein enger Gefährte der *Saulė*. Ebenso wie das regelmäßige Erscheinen der Sonne, so brachte auch des Mondes Verschwinden und Erneuerung in Gestalt des Vollmonds Wohlbefinden, Licht und Gesundheit. Noch heute glaubt man daran, daß man Blumen entweder zum neuen oder vollen Mond pflanzen sollte. Gebete an den Vollmond waren besonders wirkungsvoll. Der Mondgott (von männlichem Geschlecht) trug einen Umhang aus Sternennacht und wurde von grauen Pferden gezogen. Am häufigsten befand er sich vor *Saulės* Schloß und warb um ihre Töchter (in der lettischen Mythologie); er heiratete sogar *Saulė* selbst, doch weil er unbeständig war, verliebte er sich in *Aušrinė* (litauisch „der Morgenstern“); das ärgerte *Saulė* und der Donnergott *Perkūnas* zerbrach ihn in zwei Teile (litauische Mytholgie). Schließlich heiratete er die Weberin des Sternenteppichs, und während er die Sterne zählte, bemerkte er, daß alle da waren außer *Auseklis* (lettisch „der Morgenstern“). Die pruzzische Mythologie kennt noch einen weiteren Gott des Lichtes, der in Aufzeichnungen des 16. Jahrhunderts als *Swayxtix* oder *Suaixtis* auftaucht, was im heutigen litauisch *žvaigždys* wäre, von *žvaigždė* „der Stern“.

Mondstele

Kalvaitis, der Himmelsschmied, schmiedet am Ende der Wasser oder im Himmel einen Ring oder eine Krone für die Dämmerung und einen silbernen Gürtel und goldene Steigbügel für *Dievas'* Söhne. Jeden Morgen schmiedet er eine neue Sonne („einen Ring“, „eine Krone“). Und wenn er in den Wolken schmiedet, fallen Silberspäne hinab in die Gewässer. In der baltischen Mythologie ist *Kalvaitis* oder *Kalvelis* eine Figur, die dem *Hephaistos* in der griechischen, dem *Volundr* oder *Welant* in der skandinavischen und *Ilmarinen* in der finnischen Mythologie ähnelt. Sein Hammer war gigantisch; Jerome von Prag, ein Missionar in Litauen, beschrieb 1431, daß die Litauer nicht nur die Sonne verehrten, sondern auch einen eisernen Hammer von außergewöhnlicher Größe, mit dessen Hilfe, so meinte man, die Sonne aus ihrer Gefangenschaft befreit wurde.

Perkūnas – der Donnergott, Herrscher der Lüfte, ist ein kräftiger Mann mit einem kupfernen Bart, der in der einen Hand eine Axt hält. Er durchkreuzt den Himmel mit gewaltigem Lärm in einem feurigen, zweirädrigen Wagen der von einem Ziegenbock gezogen wird. Wenn man den Donner hört, sagt man sprichwörtlich: „Gott naht heran – die Räder schlagen Feuer". Sein Schloß befindet sich auf dem hohen Berg (im Himmel). *Perkūnas* ist gerecht, aber auch unruhig und ungeduldig; er ist der große Feind von bösen Geistern, Teufeln und ungerechten oder bösen Menschen. Er sucht nach dem Teufel und vernichtet ihn mit Blitzen. Er wirft seine Axt nach bösen Menschen oder schmettert Blitze in ihre Behausungen. Er toleriert keine Lügner, Diebe oder selbstsüchtige und eitle Söhne. Ein Baum oder Stein, der vom Blitz getroffen wurde, bietet Schutz vor bösen Geistern und heilt Krankheiten, besonders Zahnschmerzen, Fieber und Furcht. Die Steinäxte, die *Perkūnas* fallen läßt, besitzen die Kraft der Fruchtbarkeit. Sie werden noch immer „die Geschosse des *Perkūnas*" genannt. (Stein- oder Bronzeäxte und Streitäxte wurden in der Vorgeschichte oft mit Zickzacks und Kreisen verziert, den Symbolen für Blitz und Sonne. Miniaturäxte aus Bronze trug man bis in die letzte Epoche der prähistorischen Ära als Amulette.) Auch reinigt *Perkūnas* die Erde, indem er böse Wintergeister austreibt. Der erste Donner im Frühling bringt die Erde in Bewegung; das Gras fängt rasch zu wachsen an, das Getreide treibt Wurzeln und die Bäume werden grün.

Neben Pferd und Ziegenbock, waren auch der Bulle, der Hirsch, und der Schwan Symbole männlicher, lebensspendender Kraft, doch die unscheinbare Ringelnatter, die litauische *žaltys*, spielte eine besondere Rolle auf der sexuellen Ebene. Es war ein Segen, eine *žaltys* im Hause zu haben, ob unter dem Bett, in einer Ecke oder sogar auf einem Ehrenplatz am Tisch. Man sagte ihr nach, sie bringe Glück und Wohlstand, garantiere die Fruchtbarkeit des Bodens und den Zuwachs der Familie. Einer Schlange zu begegnen bedeutete entweder Heirat oder Geburt. In der litauischen Folklore ist dieses mystisch behaftete Wesen bekannt als „Wächter der Götter". Von der Sonne wird *žaltys* geliebt, und sie zu töten, wäre ein Verbrechen. „Der Anblick einer toten *žaltys* bringt die Sonne zum Weinen" lautet das Sprichwort. Der genaue Name für „Schlange" im Litauischen, *gyvatė*, verdeutlicht ihre Verbindung mit *gyvybė, gyvata* – „Leben", „Lebensfähigkeit". Ein weiteres geheimnisvolles, Wohlstand förderndes Wesen, bekannt aus frühen Aufzeichnungen und aus der Folklore, ist *Aitvaras*. Das eine Mal trägt er den Kopf einer *žaltys* und einen langen Schwanz, von dem Licht ausströmt, wenn er durch die Luft fliegt. Ein anderes Mal ist er ein goldener Hahn.

Die Balten waren große Verehrer des Feuers. *„Lituani sacrum colebat cumque perpetuum apellabat"*. Feuer galt als heilig und ewig. Die Stämme hatten öffentliche Heiligtümer auf hohen Bergen und an Flußufern, wo ein Feuer aufrecht erhalten und von Priestern bewacht wurde, und in jedem Haus gab es einen heiligen Herd, in dem das Feuer nicht ausgehen durfte. Nur einmal im Jahr, am Abend des Mitsommerfestes, wurde es symbolisch gelöscht und erneut entfacht. Das Feuer war eine Göttin, die nach Opfergaben verlangte. Sie wurde genährt und bewacht, und in der Nacht wurde sie von der Mutter der Familie zugedeckt. Die Letten nennen diese Flamme „Mutter des Feuers", *ugnes mate*, auf litauisch heißt sie *Gabija* (vom Verb *gaubti*, „bedecken") und im Pruzzischen *Panike*, „kleines Feuer". Das Feuer war das reinigende Element und das Symbol des Glücks. Legenden berichten, daß das Feuer von *Perkūnas* während eines Sturmes zur Erde gebracht wurde oder von einem Vogel, meist einer Schwalbe, die sich selbst verbrannte, als sie es trug.

An dieser Stelle können die „incredibilia", die die christlichen Missionare in den baltischen Ländern vorfanden, nicht detaillierter beschrieben werden. Auch kann die Volksreligion, die noch immer mit überraschend reinen Elementen aus dem frühesten Altertum in der Folklore lebendig ist, nicht näher erläutert werden. Ich hoffe dennoch, dem Leser mit diesem kurzen Überblick einen allgemeinen Eindruck über die Natur der „incredibilia" verschaffen zu haben. Die baltische Religion hat zuverlässig die grundlegenden Elemente der alten Zeiten bewahrt. Diese sind eng verbunden mit den früh aufgezeichneten Religionen der indo-europäischen Stämme, besonders derjenigen der Indo-Iraner. Das wird deutlich sichtbar am Kult um die Toten, den Bestattungsritualen, den heilenden Kräften der Himmels- und Luftgottheiten, sowie an den Sonnen-, Pferde-, Wasser- und Feuerkulten. Zur selben Zeit schien es dem Bauern mit seiner Anschauung der wirklichen Welt und seiner reichhaltigen natürlichen Umgebung angemessen, die umfassende Verehrung seines lebendigen Landes – Wälder Bäume und Blumen – und seine tiefgehende Beziehung zu Tieren und Vögeln aufrecht zu erhalten. Wenn wir von der alten baltischen Vorgeschichte reden, meinen wir vor allem die alte Religion, die sich in der kosmischen und lyrischen Weltanschauung der heutigen Litauer und Letten widerspiegelt und eine anhaltende Inspiration für Dichter, Maler und Musiker darstellt.

M. Gimbutas, *The Balts*, London, 1963;
M. Gimbutiene, *Baltai priesistorianiais laikais*, Vilnius, 1985.

Mythologie und Religion der frühen Litauer

Die Bildung des litauischen Staates ereignete sich während einer Zeit der Konflikte mit dem christlichen Europa. Dieser Umstand mußte die Entwicklung der vorherrschenden, heidnischen Glaubenssysteme beeinflussen, welche fortan zu einem wichtigen Faktor bei der Vereinheitlichung des Staates und eine seiner größten Kraftquellen wurden. Während dieser Zeit wurde der Kampf um Unabhängigkeit auch zu einem Kampf, die einheimischen Götter zu verteidigen, und man sah die einheimische Religion sich zunehmend verbreiten – im Gegensatz zu „fremden“ Religionen (vor allem das Christentum). Dem christlichen Europa machte das nichts aus, denn sein hauptsächlichstes Ziel, die baltischen Länder zu erobern, war nur sehr spärlich versteckt unter dem Deckmantel der proklamierten Mission, die heidnische Bevölkerung zu taufen und sie zu zwingen, ihrem alten Glauben abzuschwören. Um dieser Bedrohung aus dem Wege zu gehen, gingen die litauischen Herrscher auf verschiedene Kompromisse mit den Christen ein. Zum Beispiel erlaubten sie die Errichtung von wenigen Kirchen und die Einrichtung von Klöstern, manche stimmten ihrer Taufe zu (wie Mindaugas), andere gingen auf Verhandlungen hinsichtlich der Taufe ein (wie Gediminas). Diese politischen Kompromisse trugen zur Förderung religiöser Toleranz bei. Besonders der Adel wagte eine behutsame Annäherung und schenkte lieber jenen Zügen mehr Aufmerksamkeit, die den Religionen gemeinsam waren, als auf den Unterschieden zu bestehen.

Diese politisch geförderte Toleranz führte zu dem paradoxen Umstand, daß eben die Bevölkerungsschichten, die die alte Religion am meisten hätten verteidigen sollen (die Herrscher und der Adel), ihr als erste entsagten. Es war dem gewöhnlichen Volk überlassen, den alten Glauben maßgeblich zu verteidigen.

Die alte, traditionelle Religion und Mythologie durchtränkte alle Schichten der menschlichen Existenz und bildete lange Zeit die Grundlage ihrer Weltanschauung. Das Glaubenssystem hatte einen indo-europäischen Kern und war angefüllt mit weiteren regional entwickelten Merkmalen. Aus diesem Grunde können mehrere übereinander gelagerte Schichten in seinem Aufbau unterschieden werden: 1.) die älteste Schicht – sie enthält atavistische Merkmale der altertümlichsten Kulturschicht, 2.) die indo-europäische Schicht, 3.) die baltische Schicht und schließlich 4.) die litauische Schicht.

Die letztere kann noch weiter untergliedert werden in 1.) die Aukstaiten (*Aukštaičiai*, „Hochländer“) und 2.) die Zemaiten (oder *Žemaičiai*, „Tiefländer“).

In drei zeitgleichen Quellen wird der oberste Gott der Aukstaiten *Nunadievis* oder *Andajas* genannt. Linguisten und Mythologen schlagen unterschiedliche Interpretationen dieser Namen vor, dennoch sind sich alle einig, daß die Wurzel dieser Namen das Wort *Dievas* ist. Es hat sich mit der Zeit ergeben, daß für die Litauer der Gott des himmlischen Lichtes der höchste unter den Göttern war. Entsprechend war für die Pruzzen *Ukapirmus* (*Occopirmus*), der Gott des Himmels und der Sterne, der höchste unter den Göttern, während die Zemaiten ihren Hauptgott *Auksteias Vissagistis* nannten.

Hinweise zur litauischen Gottheit des Himmels und des Lichtes können auch in der Art und Weise gefunden werden, in der der christliche Gott in der Folklore dargestellt wird. Wenn er in Liedern oder Märchen erscheint, hat der christliche Gott viele Züge des indo-europäischen Gottes des Lichtes. So bemüht er sich um Ordnung und Harmonie und verfügt über die Natur und das Schicksal der Menschen.

Die frühen Litauer verehrten nicht nur abstrakte Gottheiten, sondern zollten ebenfalls natürlichen Phänomenen und Gebilden Respekt. Ausgesprochen wichtig waren die heiligen Haine, die Sonne und das Feuer. Die besondere Ehre, die dem Feuer zuteil wird, offenbart sich in dem Brauch, die Verstorbenen zu verbrennen. Die *Malala Chronik* (13. Jahrhundert) enthält eine Geschichte (der Mythos von *Sovius*), die erzählt, wie die Verbrennung der Toten in Litauen und anderen baltischen Ländern eingeführt wurde. A.J. Greimas ist der Ansicht, daß *Sovius* eine „neue“ Richtung in der religiösen Entwicklung darstellt, in der alle Hauptgottheiten irgendeine Verbindung mit dem Feuer haben mußten.

In der Mythologie der Pruzzen spielen zwei Brüder eine ähnliche Rolle: *Vaidevutis* und *Brutenis* (S. Grunau 15.-16. Jahrhundert). Wie in der mythologischen Geschichte beschrieben wird, war der eine Bruder König, der andere Hohepriester. Die Geschichte erzählt, wie sie Ordnung in das materielle und spirituelle Leben der Pruzzen brachten, wie sie Gesetze einführten und sich schließlich selbst opferten und anschließend als Götter verehrt wurden.

Auch der Chronist Dlugosz (15. Jahrhundert) stellt die Verehrung des Feuers an erste Stelle. Sie ist charakteristisch für alle indo-europäischen Religionen. Zum Beispiel sind in der *Rigveda* der Hindus die ersten Hymnen dem Feuer gewidmet, und erst danach wurden andere Götter geehrt. Das Feuer wurde sowohl als eigenständiger Gott angesehen wie auch als Mittel, um mit anderen Göttern zu kommunizieren (fast alle Opfergaben wurden verbrannt).

In seinen Beschreibungen von Ritualen erwähnt Duglosz Tempel, Priester und Götzenbilder. Besonders wichtig ist seine Beschreibung zemaitischer Bestattungsriten. Er berichtet, daß jede zemaitische Familie in den heiligen Hainen ein besonderes Gelände hatten, wo sie „die Leichen ihrer Verwandten in weißer, festlicher Kleidung auf einem Pferd sitzend verbrannten". In der Nähe der Scheiterhaufen brachte man Opfergaben für das Wohlergehen der Verstorbenen dar: „sie stellten Gefäße aus Eichenrinde dort hin, in die sie eine Speise getan hatten, die wie Käse aussah, und gossen Met ins Feuer. Sie glaubten, daß in der Nacht die *vėlė* der Verstorbenen kämen und am Essen teilnehmen und den Met trinken würden, den sie vergossen hatten." Sie kamen an dieselben heiligen Orte, um ein Fest zu feiern, das um den ersten Oktober herum stattfand. Zu dieser Zeit brachten sie Essen und Trinken mit sich und feierten mehrere Tage, während denen „jeder von ihnen Opfergaben an seiner eigenen Feuerstelle niederlegte".

Duglosz legt weiterhin dar, daß an den Ufern des Flusses Nevėžis ununterbrochen ein heiliges Feuer auf einem hohen Turm brannte. Es wurde von Priestern gehütet, die darauf achteten, daß es niemals erlosch.

Spätere Quellen (aus dem 17.-18. Jahrhundert, vor allem vom christlichen Klerus aufgezeichnet) berichten, daß in einigen Regionen die alten, religiösen Bräuche noch immer beobachtet werden konnten. Zum Beispiel berichtet 1718 der Jesuit Ostrowski, daß er Leute traf, „die die Sonne und den Mond verehrten und diese baten, sie von Krankheiten zu heilen". Er sagt, daß im Norden von Litauen „die Bauern noch immer die Namen von fünf Göttern voll Ehrfurcht aussprechen, und das sind die Sonne, der Mond, Blitz, Feuer und Brot".

Im westlichen Litauen (bei den Zemaiten) war der Erdkult ausgeprägter. Die größere Ehrerbietung galt den Göttern, die verantwortlich waren für den Ertrag der Felder und für die Haustiere, der Kult um die *žaltys* war dort weit verbreitet. Ein Reisender durch das Gebiet der Zemaiten beschreibt im 15. Jahrhundert: „Der Patriarch einer jeden Heimstatt hält sich eine *žaltys*, die in den Heuschobern lebt, mit Futter versorgt wird und Opfergaben erhält."

In der späteren Mythologie der Zemaiten und auch in einigen Fällen bei den Aukstaiten werden folkloristische Figuren mit Gottheiten verwechselt. So verzeichnet zum Beispiel J. Lasicki *Ragana* (eine Hexe), *Aitvaras* und *Kaukai* (ein Troll-ähnliches Wesen) als Gottheiten. *Ragana* hat ähnliche Merkmale wie die traditionelle Hexe aus den Volksmärchen, die in einer einsamen Hütte im Wald lebt, *Aitvaras* ist der Hüter des Wohlstandes und wohnt „hinter der Einfriedung" einer Heimstätte, wohingegen die *Kaukai* kleine Kreaturen sind, die sich auf die Seelen der Verstorbenen beziehen. Für sie werden Speiseopfer ausgelegt.

Die alten litauischen Götter und die Mythologie, die man mit ihnen verbindet, sind nicht spurlos verschwunden, vielmehr findet man ihre Aspekte in der reichhaltigen und vielfältigen Folklore wieder, in den Volksbräuchen, dem Glauben an Magie und Beschwörungen. Dennoch ist die Beziehung zwischen Folklore und der frühen Religion sehr komplex und noch nicht angemessen erforscht. Ohne ins Detail gehen zu wollen, sollte bemerkt werden, daß viele Spuren der alten litauischen Gottheiten in Volksmärchen zu finden sind, wie auch in Zügen der Märchenfiguren, die sie bewohnen, außerdem in Familienriten und Volksbräuchen. Von allen vorhandenen Quellen bietet Praetorius (17. Jahrhundert) die meisten Angaben über verschiedene, litauische Folklorefiguren (die *Laimes, Laumės, Aitvaras, Kaukai*, ungewöhnliche Personen, Tiere, etc.). Er baut eine Art Brücke, die uns hilft, die Folklore zu verstehen und den Einfluß, den die traditionelle Religion auf sie hatte, zu entschlüsseln. Zum Beispiel befinden sich unter den beliebtesten Figuren der ätiologischen, litauischen Geschichten *Dievas* (Gott), der Schöpfer der Welt, und *Velnias* (der Teufel). Wenn in Legenden Riesen vorkommen, ist *Velnias* oftmals ihr Gegner. In zahlreichen mythologischen Märchen ist von Bauernhöfen die Rede, die von *Kaukai* und *Aitvarai* bewohnt werden. *Laumės* und *undinės* leben in der Nachbarschaft, natürliche Phänomene wie der Wind, Kälte und auch *Laimė* (Glück, Schicksal) werden in den Geschichten zusammen mit *Giltinė* (Tod) personifiziert.

Einige dieser Volksmärchenfiguren haben die Namen der Gottheiten beibehalten (zum Beispiel *Dievas, Perkūnas, Velnias*), andere, wenn sie auch nicht in den Listen der Gottheiten aus den frühen Quellen vorkommen, haben Namen alten baltischen und indo-europäischen Ursprungs (zum Beispiel *Laimė, Vėjas, Laumė, Kaukas*).

Einige der Figuren, Beispiele sind wieder *Dievas, Perkūnas* und in einer gewissen Verbreitung *Velnias*, tragen deutliche Züge der früheren, heidnischen Gottheiten zur Schau, wenn diese auch in verschiedenem Maße nach christlichem Vorbild abgeändert wurden.

Für andere kann die Verwandtschaft mit den alten Göttern nur durch sorgfältige Forschung festgestellt werden. Derartige Forschungen haben ergeben, daß der Ursprung der *Laumės*, die in vielen Volksmärchen vorkommen, zurückverfolgt werden kann bis zu den Göttinnen, die für Fruchtbarkeit und die Getreideerträge verantwortlich waren; die *Aitvarai* stammen ab von Zwillingsgöttern; die Zauberkünstler, Magier und Hexen (*raganos*) in der Folklore repräsentieren zum Teil heidnische Priester, usw. Viele der übrigen Folklorefiguren verkörpern Züge, die sie von den alten Göttern und Göttinnen geerbt haben; wir hoffen, daß sie von künftigen Forschern entschlüsselt werden können. Es sollte erwähnt werden, daß jedes Glaubenssystem seine eigene Hierarchie von Gottheiten besitzt. Neben den Hauptgöttern gibt es Gottheiten von sekundärer und tertiärer Bedeutung, und es gibt Halbgötter und Stammväter, die mit göttlichen Merkmalen ausgestattet wurden. Es gibt Dämonen, gute und böse Geister und viele andere mehr, die man allesamt in fast jeder indo-europäischen Religion finden kann (der hinduistischen, griechischen, keltischen, etc.). Zweifelsohne waren diese Dämonen ebenfalls Teil der alten, baltischen Glaubensstruktur und Spuren ihrer Wesenszüge findet man bis heute in der Folklore.

Forschungen haben einen engen Zusammenhang zwischen litauischen Volksmärchen und altertümlichen Mythen festgestellt. So haben V. Ivanov und

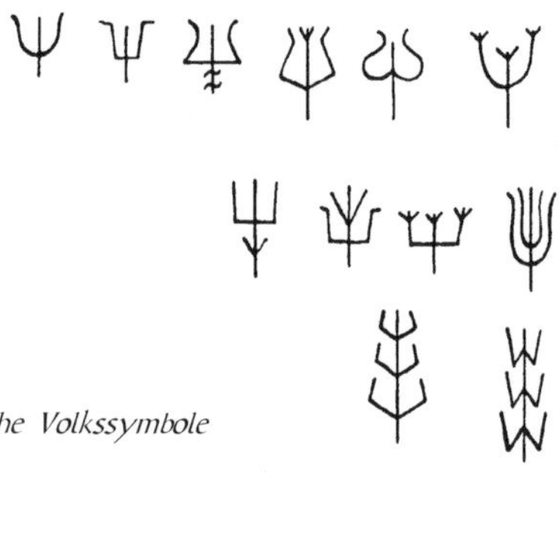

Litauische Volkssymbole

V. Toporov nachgewiesen, daß die mythologischen Märchen über *Perkūnas* und *Velnias* besonders alt und bedeutenden indo-europäischen Mythen verwandt sind.

Das litauische Volksmärchen „Eglė, Königin der žaltys“ spiegelt den Mythos über den Tod und die Auferstehung der Gottheiten wider. Man erkennt leicht eine Verbindung zwischen einigen Märchen und alten Ritualen. Zum Beispiel enthalten einige der Volksmärchen ungewöhnlich umfassende Beschreibungen altertümlicher Hochzeitsriten.

Viele der Bräuche, die zu den Weihnachts- und Neujahrsfeierlichkeiten und der Zeit vor dem Fasten praktiziert werden, enthalten Elemente der alten Feste, die während der Frühlings- und Herbst-Tag-und-Nacht-Gleichen gefeiert wurden. Volksspiele und -rituale die man noch im 19. und frühen 20. Jahrhundert veranstaltete, erinnern an die alten Rituale der Sommersonnwende. Viele altertümliche Elemente sind in traditionellen Hochzeitsriten, Tauf- und Bestattungsriten zu finden. Allerdings wurden die Volksbräuche, die während der Fruchtbarkeitsfeste vollzogen wurden, bislang nicht adäquat erforscht.

Nun wird es allmählich möglich, die allgemeine Weltordnung der frühen Litauer anhand ausgedehnter Sammlungen von Volkskunst, Symbolen, Volksmärchen, Bräuchen, Beschwörungen, Aberglauben und anderen Quellen zu definieren. Die frühen Litauer stellten sich die Welt um sich herum in drei vertikale Ebenen geteilt vor: der Himmel, die Erde und die „Unterwelt“. Diese altertümliche Weltvorstellung bediente sich oft des „Weltenbaumes“, ein symbolischer Baum, der der Volkskunst als beliebtes, dekoratives Element dient und auf vielen Volkskunstgegenständen, wie Mitgiftstruhen oder Flachsbehältern, zu finden ist. In vielen Gestalten erscheint er in Liedern, Rätseln, Märchen und Beschwörungen. Die Litauer, ebenso wie andere Indo-Europäer, verwendeten das Bild eines Berges, eines Hauses, eines Schiffes oder einer Brücke, um die Welt symbolisch darzustellen.

Es läßt sich nicht feststellen, wie früh die Litauer der horizontalen Weltordnung folgten, es scheint jedoch, daß diese mit der vertikalen Struktur gleichlief. Demnach waren Osten und Norden dem Raum des Himmels gleichgesetzt und Westen entsprach der „Unterwelt“. Die Ähnlichkeit zwischen horizontaler und vertikaler Weltordnung wurde von der Flußrichtung der Hauptflüsse in ihrem Territorium begünstigt (von Osten nach Westen). In den frühen Religionen vieler Kulturen nahm man an, daß die Flüsse dem Himmel entspringen und möglicherweise in die „Unterwelt“ fließen. In dieser Hinsicht haben die Flüsse dieselbe verbindende Funktion wie der Weltenbaum. Man weiß aus alten Quellen, daß den frühen Litauern aufgrund der Flußrichtungen der Hauptflüsse bewußt war, daß die Erhebungen in ihrem Gebiet von Osten nach Westen zunahmen.

Diese entsprechenden Erhebungen der Landstriche spiegelt sich in der Beschaffenheit der regionalen Mythen wider. So ist die Mythologie der Aukstaiten mehr an den Himmelsgöttern orientiert, wohingegen die Zemaiten sich bevorzugt mit der Erde beschäftigen. Das trifft auch auf die Folklore zu, die im 19. und 20. Jahrhundert gesammelt wurde. Bei den Aukstaiten behandeln die Volksmärchen für gewöhnlich Themen, die mit der Mythologie des Himmels zusammenhängen, bei den Zemaiten ist die erdgebundene Thematik beliebter. Die aukstaitischen und die zemaitischen Mythologien ergänzen einander so stark, daß sie zusammen eine gesonderte mythologische Weltanschauung bilden. Der Ursprung dieser interessanten Ergänzung liegt weit in der Vergangenheit und reicht vermutlich bis zu einer archaischen, dualistischen Gesellschaftsordnung zurück. Problematischer ist der Ursprung der Drei-Ebenen Struktur festzustellen. In der Volkstradition kann das bis zu Versuchen führen, den Ursprung der Erde zu erklären. Geburt und Wachstum in der Natur zu beobachten, ist das grundlegende Konzept dieser Erklärung. In der litauischen Weltanschauung repräsentiert der Weltenbaum symbolisch das Wachstum des Universums. Aus diesem Grund wurde der Baum immer von einer schnell wachsenden Baumart verkörpert. Von der Schicht der „Unterwelt“, die vom Wurzelsystem des Baumes dargestellt wird, glaubt man, daß sie älteren Ursprungs ist. Sie symbolisiert die Vergangenheit, während das Geäst die Zukunft versinnbildlicht. In der Mythologie der Litauer, wie auch der ihrer Nachbarn, wird die „Unterwelt“ außerdem mit Wasser assoziiert. Daher ist es einleuchtend, daß die Litauer Wasser für den Hauptbestandteil der Welt hielten. Das wird deutlich in den ätiologischen Geschichten, welche – obwohl sie vom Christentum beeinflußt wurden – Elemente der altertümlichen Weltanschauung bewahrt haben. So findet man zum Beispiel folgende Beschreibungen: „Am Anfang gab es keine Erde, keine Sonne. Es gab nichts, als Wasser überall (...)“.

In ätiologischen, litauischen Sagen, die die Schöpfung der Welt thematisieren, handeln *Dievas* und *Velnias* gemeinsam. Zum Beispiel schickt *Dievas Velnias* in die Tiefen des Meeres, damit er ihm Erde bringt. Aus den Sandkörnern, den „Samen der Erde“, die *Velnias* mit zurückbrachte, wurde die ganze Erde erschaffen. Nach Meinung J. Meletinskis ist dieses Motiv sehr archaisch und gleichbedeutend dem Schöpfungsmythos, in welchem der Ursprung der Welt mit einem ersten, universellen Ei gleichgesetzt wird.

In den litauischen, ätiologischen Geschichten erschaffen *Dievas* und *Velnias* nicht nur die Welt, sondern auch alle Pflanzen, Tiere, Vögel und sogar die Menschen. Bedenkt man, daß der Ursprung dieser beiden Gottheiten bis in die altertümliche, baltische Mythologie zurückreicht, wird deutlich, daß *Dievas* den Gott des Lichtes und des Tages repräsentiert, während *Velnias* den Gott der „Unterwelt" und des Wassers darstellt. Eine solche Weltanschauung ist durchaus nicht einfältig vielmehr wurde sie von unseren Ahnen durch eine ausgedehnte Beobachtung ihrer Umwelt entwickelt und drückte sich in den Bezeichnungen der mythologischen Vorstellungen dieser Zeit aus. Die Drei-Ebenen Weltanschauung umfaßte auch ihre Vorstellungen von Leben und Tod. Sie stellten sich Leben und Tod als eine fortlaufende, sich entwickelnde Kette vor. Die „Unterwelt" assoziierte man mit dem Tod, den Himmel mit Zukunft und Leben. Auf der Erde selbst waren sowohl der Tod als auch das Leben gegenwärtig. Aus diesem Grund wähnte man das Nachleben unterhalb und jenseits des Wassers. So verschwindet *Sovius*, eine Figur des ältesten, erhaltenen Mythos, unter der Erde und wird zu einem Führer in die Unterwelt. Nach der Einführung des Christentums wurde die Unterwelt, das Reich der Verstorbenen, mit der Hölle verknüpft. Aus diesem Grund wird die Hölle in den alten Texten *paskanda* (wörtlich – „das Ertrunkene") genannt. Wahrscheinlich stellte man sich vor, daß man, um sie zu erreichen, ins Wasser gehen, also ertrinken muß.

Die Toten selbst stellte man sich für gewöhnlich in menschlicher Gestalt vor, obwohl man in Volksmärchen auch Spuren einer älteren, indo-europäischen Anschauung finden kann. In dieser Mythenstruktur ist die Welt der Toten als Weideland dargestellt und die Toten selbst als grasende Tiere. Dieser Artikel befaßt sich lediglich mit einem Bruchteil der Ergebnisse, die man in der Umstrukturierung der litauischen mythologischen Konzepte aufgestellt hat. Bis dieses wichtige Gebiet nicht ausgiebig studiert worden ist, wird es schwierig sein, die Bindungen zwischen der altertümlichen, baltischen Kultur und dem Christentum, wie auch der heutigen Kultur zu ermitteln.

N. Vėlius, Senovės lietuvių religija ir mitologija,
in *Krikščionybe ir jos sicialinis vaidmuo Lietuvoje*,
Vilnius, 1986

Religionsreformen der Balten

Die Glaubensrichtungen der baltischen Stämme waren kein statisches, in der Zeit eingefrorenes Gebäude, sondern ein lebendiges, sich entwickelndes System. Beweise dafür sind in einer Reihe von Quellen aufgezeichnet. Darunter sind die folgenden bemerkenswert: die Erzählung des *Sovius*-Mythos in der *Malala Chronik*, Beschreibungen in der Chronik von Grunau und Mythen und Legenden aus der *Litauischen Chronik*. Ich habe versucht, die Spuren der Reformen zu identifizieren und auch ihren Einfluß zu deuten, den sie auf Mythen und Legenden genommen haben.

In frühesten Zeiten, die zurückreichen bis in die paläolithische Ära, war die zentrale Gottheit die verehrte Muttergöttin, die in den ältesten Mythologien mit Mutter Erde gleichgesetzt wird. Sie besaß mächtige, schöpferische und lebenserneuernde Kräfte. In diesem Glaubenssystem war die Erdbestattung dominant, denn sie bedeutete die Übergabe der Toten in die Sorge der wichtigsten Gottheit.

Der *Sovius*-Mythos schmälerte das Brauchtum der Erdbestattung und auch einen anderen altertümlichen Bestattungsbrauch, nämlich die Verstorbenen in Bäume zu legen. Er erhebt die Verbrennung zum eigentlichen Bestattungsritus. Die Verbrennung ist eine radikale Methode, denn sie vernichtet den Körper und befreit auf diese Weise den Geist. *Sovius* wählt den Pfad zur Unterwelt durch das Feuer. Diese Methode ist eindeutig indo-europäisch geprägt, denn die Indo-Europäer glaubten, daß *Agni*, der die Geister in die andere Welt führt, den Weg durch das Feuer geht. Die Geister der Verstorbenen steigen zusammen mit dem Rauch des Scheiterhaufens empor.

Die religiöse Tradition der Balten weist Spuren von drei Reformphasen auf: Hinweise auf religiöse Reformen findet man im *Sovius*-Mythos, in der Legende von *Videvutis* und *Brutenis*, sowie in der Legende von *Šventaragis*. Bestätigt werden diese Hinweise durch die baltische Folklore, historische Quellen und archäologisches Material. Vergleichende Sprachwissenschaftlern geben weitere Bestätigungen.

Der *Sovius*-Mythos wurde zum ersten Mal 1261 als Einlage in einer Übersetzung der *Malala Chronik* aufgezeichnet. In diesem Mythos reist *Sovius* wiederholt in die Welt der Toten; auf dieser Reise probiert er verschiedene Bestattungsweisen aus und trifft eine Entscheidung darüber, welche zu bevorzugen ist.

Sovius opfert einen Keiler; die neun Milzen des Keilers werden von seinen Söhnen gegessen. Daraufhin wird er zornig auf seine Söhne und versucht, in die Hölle zu gelangen. Mit Hilfe eines seiner Söhne gelingt es ihm, durch das neunte Tor zur Hölle vorzudringen. Dort schläft er wiederholt ein (stirbt) und verbringt je eine Nacht begraben nach der Art, wie es bei den Balten zu dieser Zeit üblich war: Erdbestattung, Plazierung der Leiche in Bäumen und schließlich – Verbrennung. Von den drei Formen stellt ihn nur die Verbrennung zufrieden. Danach wird er zu einem Führer für die Verstorbenen in der Unterwelt.

Studien haben gezeigt, daß der Mythos von *Sovius* mit der Veränderung innerhalb der baltischen Bestattungsriten im 12. und 13. Jahrhundert zusammenhängt, als die Verbrennung andere Beerdigungsformen verdrängte. Der Mythos selbst jedoch scheint älteren Ursprungs zu sein. Parallelen, die man innerhalb der indo-europäischen Stämme finden kann, zum Beispiel in angelsächsischen Märchen oder in balkanischer oder slawischer Folklore, weisen darauf hin. Der Mythos von *Sovius* spiegelt sich in einigen Ritualen sibirischer Schamanen wider, weiterhin sind Elemente daraus in koreanischen und mongolischen Mythen zu finden, die sich mit dem Ursprung des Todes beschäftigen. Allerdings wird im Gegensatz zum *Sovius*-Mythos in diesen Mythen anstelle des Keilers der Lehrmeister oder Magier selbst geopfert und verspeist. Diese Elemente beziehen sich auf das Ritual, in dem ein Gott stirbt und wieder aufersteht. Menschen können an diesem Prozess teilhaben, indem sie den Körper des Gottes verspeisen. Daraus kann man schlußfolgern, daß das Auftreten des Keilers in der baltischen Version eine spätere Entwicklung sein muß.

Die Opferung eines Keilers oder Menschen, dessen Körper anschließend in einer rituellen Feier verzehrt wird, ist charakteristisch für die *Dionysos*- und *Sabasius*-Rituale in Griechenland. Der *Sovius*-Mythos, obwohl er mit den *Dionysos*- und *Sabasius*-Ritualen verwandt ist, enthält jedoch Elemente, die ihn von den Ritualen eurasischer Religionen abgrenzen. In der baltischen Version wird das zentrale Thema von Tod und Reinkarnation benutzt, um einen ideologischen

Standpunkt zu stärken – sie wurde der Präzedenzfall für die Verbrennung der Toten. Das Ritual der Verbrennung, das *Sovius* einführte, und auch der Kult um die Gottheiten, die ihre Wohnstätte im Himmel beibehielten, gehören zu einer Entwicklung, im Widerspruch steht zur alten, proto-indo-europäischen Religion der Muttergöttinnen. So kann man mutmaßen, daß der *Sovius*-Mythos auf den Konflikt anspielte, der sich zwischen der altertümlichen Religion der Ureinwohner Europas und den Indo-Europäern entspann. Geht man noch einen Schritt weiter, entstand der Mythos in der Zeit, als eine Synthese der beiden Glaubenssysteme – nämlich dem der Ureinwohner und dem der wandernden Indo-Europäer – stattfand.

Ergebnis dieses Konfliktes war der Triumph des indo-europäischen Pantheons der Himmelsgottheiten. Darin verdrängte dessen wichtigster Repräsentant, der Donnergott (*Perkūnas*), die frühere, einheimische Religion der Muttergöttinnen. Allerdings war dieser Sieg nicht uneingeschränkt. Denn als sich in Rom die landwirtschaftliche Praxis entwickelte, fand aufgrund steigender Erträge nach und nach eine Ausdehnung und Wiederbelebung des Kultes der Mutter-

Ritualplatz mit heiligem Feuer

göttin statt. Die Glaubensreformen des *Videvutis* und *Brutenis* in Pruzzen und die Reformen von *Šventaragis* in Litauen stehen im Widerspruch zu dieser Wiedergeburt.

Videvutis und *Brutenis* waren die beiden Oberhäupter des *Kimbrai*-Stammes, der ursprünglich auf Gotland, der größten Ostseeinsel, lebte. Als der Stamm durch die Goten (daher der heutige Name Gotland) von der Insel verdrängt wurde, wanderte er nach Pruzzen, wo er mit den einheimischen, baltischen Menschen in Konflikt geriet. Das Ergebnis dieses Konfliktes war eine Veränderung der religiösen Bräuche und der Gemeinschaftsstruktur beider Völker. Die Religion der Muttergöttin, wie sie von den Einheimischen praktiziert wurde, wurde von einem maskulinen Pantheon dreier männlicher Götter verdrängt, deren Hauptfigur *Perkūnas* war. Diese Reform hatte auch die Gründung eines religiösen Zentrums zur Folge.

Die *Šventaragis*-Reformen, die im 5. und 6. Jahrhundert n.Ch. stattfanden, stellten den Brauch der Verbrennung wieder her. Ein Widerhall dieser Reform ist im Sagen-Teil der *Litauischen Chronik* zu finden. *Šventaragis* führte die Verbrennung als dominanten Bestattungsritus wieder ein und gründete für die herrschende Dynastie eine Nekropole, die später zum religiösen Zentrum Litauens wurde. Von diesem Zentrum aus verbreitete sich der Brauch der Verbrennung zusammen mit politischem Einfluß über die ganze Region hinweg bis hin zur Ostsee. Diese Bestattungspraxis war ein zentraler Teil eines Glaubenssystems, das sich durch indo-europäische Merkmale hervorhob; es beinhaltete auch den Kult um einen Himmelsgott, der auf der Spitze eines Berges lebte.

Die baltischen Religionsreformen waren ein Prozeß, in welchem sich indoeuropäische, religiöse Begriffe etablierten und ausbreiteten. Ihnen gegenüber standen die altertümlichen Religionsformen des Muttergöttin-Kultes, der unter den früheren, europäischen Ureinwohnern vorherrschte. Fortschritte in der landwirtschaftlichen Praxis und Ausbeute brachten eine zeitweise Wiedergeburt des Kultes um die Muttergöttin mit sich. Dieser Prozeß wurde gestärkt durch den Einfluß der römischen Provinzen und dem der Kelten. Außerdem wurde er wahrscheinlich getrieben von internen Faktoren, wie zum Beispiel einer Widerstandsbewegung, die sich entwickeln kann, wenn ein Glaubenssystem verdrängt und unterdrückt wird. Die Erfolgschancen zur Durchsetzung des Muttergöttin-Kultes könnten gewachsen sein, als während der Völkerwanderung die Krieger und einige Priester, die die Hauptanhänger der indo-europäischen Glaubenssysteme waren, nach Süden und Südwesten zogen.

Die Reformen, die von *Videvutis, Brutenis* und *Šventaragis* durchgesetzt wurden, können so als Bemühungen betrachtet werden, die Dominanz jenes Glaubenssystems und jener Gesellschaftsstruktur wiederherzustellen, die die Indo-Europäer den Ureinwohnern aufgedrängt hatten und die geschwächt wurde, als große Teile der herrschenden Bevölkerung an dem „barbarischen" Ansturm auf das römische Reich teilnahmen. Andererseits waren die Bewegungen, die eine Wiedergeburt der Kulte um die Muttergöttin begünstigten, eine interne Entwicklung und der Versuch eines unterdrückten Glaubenssystems, seine verlorene Position wieder einzunehmen.

Das Brauchtum der Verbrennung ging einher mit der Gründung religiöser Zentren oder sogar mit der Gründung eines einzelnen Zentrums für die gesamte Region. Dieses Glaubenssystem basierte auf einem Pantheon von Himmelsgöttern, in welchem dem Donnergott *Perkūnas* eine besondere Rolle zukam. In den baltischen Religionsreformen standen sich das Pantheon der Himmelsgötter und die Wiederherstellung des Muttergöttin-Kultes und anderer altertümlicher lokaler, religiöser Praktiken gegenüber.

G. Beresnivičius, *Baltų religinės reformos*, Vilnius, 1995.

Dievas

Der alte litauische Gott Dievas (lettisch – *Dievs* und pruzzisch – *Deices*) hat seinen Namen direkt von dem proto-indo-europäischen Wort *dieu*, das offenbar sowohl „Gott" als auch „Himmel" bedeutet. Der Name wies ursprünglich nicht auf den jüdisch-christlichen Gott Yahweh hin, wie er das heute tut, sondern auf einen baltischen Gott, dessen eigentlicher Name Dievas war. Die Christen eigneten sich den Namen des Dievas an, um ihren eigenen Gott auf litauisch benennen zu können.

Die litauische Folklore enthüllt wenig über Dievas´ körperliche Merkmale, statt dessen legt sie einen Schwerpunkt auf seine Kleidung. Dievas, ein junger Mann, ist verschwenderisch gekleidet in silberne, filzene und seidene Gewänder und trägt ein leuchtendes (manchmal grünes) Schwert – so spiegelt er die Garderobe der baltischen Herzöge wider. Aufgrund Dievas´ Assoziation mit Licht und Silber, dienen Licht und Silber als seine Symbole. Manchmal benutzt Dievas

Verkleidungen, dann bevorzugt er ein weißes Hemd und einen grauen Mantel, die ihn nicht als Herrscher erkennen lassen. Als alter Mann mischt er sich dann unters Volk, besucht Menschen von Haus zu Haus und von Dorf zu Dorf. In dieser Verkörperung handelt er als Mensch und macht guten Menschen üppige Geschenke.

Dievas´ kosmologische Funktionen stellen ihn als Schöpfer der Welt dar, als Begründer der Ordnung und Gott des Lichtes. Besonders die *dainas* jedoch konzentrieren sich nicht so sehr auf Dievas als Schöpfer, sondern eher auf seine Schöpfungen. Dievas erschafft irdische Dinge mit großer Präzision und verleiht den Menschen dabei kulturelle Werte. Außerdem erläßt er Gesetze, sorgt für Ordnung in der Welt und sichert so die kosmologisch-religiöse Stabilität.

Als Schicksal bestimmender Gott kommt Dievas in direkten Kontakt mit der menschlichen Welt: bei Geburten, Hochzeiten und Todesfällen. Das entspricht ungefähr dem Einfluß *Laimas* (Trinitätsaspekt, Göttin des Schicksals), deren Kräfte und Funktionen sich Dievas angeeignet hat. Beide beschließen das Schicksal, wie uns das identische Wortmaterial ofenbart. In vielen Zusammenhängen erscheint Dievas sogar als Vater von *Laima*. Die Konfrontation von Dievas mit *Laima* beschränkt sich meist auf einen wiederkehrenden, folkloristischen Streit zwischen den beiden. In einer überwältigenden Anzahl solcher Zusammenstöße geht *Laima* als Gewinnerin hervor.

Dievas lebt auf seinem eigenen Gehöft oder einem Landsitz im Himmel, welches auf einem steilen, steinigen, hohen Berg gelegen ist. Dievas´ Hof besitzt alle Merkmale eines typischen, reichen, irdischen Gutes, umliegende Felder, Gärten, Gebäude und eine Sauna (*pirtis*) eingeschlossen.

Dievas fährt einen goldenen oder silbernen Wagen oder Schlitten, der von großartigen, gescheckten Rössern gezogen wird, die man die *Dievo žirgai* nennt. Diese Rösser erscheinen manchmal auch als schwarze Hunde oder schwarze Raben, womit andeutungsweise Dievas´ Assoziation mit Prophetie symbolisiert wird. Zeitweise reitet Dievas seine Rösser. Er fährt vom himmlischen Berg hinab, um auf den Feldern die Fruchtbarkeit zu erwecken. Die langsame Fahrt entlang des Gebirgszuges entspricht dem Herannahen des Frühlings und des Sommers und verhindert das Herabfallen des Taus (heiliges Wasser). Sein Ritt und seine Erscheinung begleiten auch die Zyklen der Sonne. Der Zyklus der Fruchtbarkeitsfeierlichkeiten spiegelt Dievas´ agrarische Aktivitäten wider und verweist auf seine Präsenz als Kalendergott. Dievas nimmt in der einen oder anderen Form an fast jedem Gemeindefest teil, das sich meistens auf ein festliches Mahl konzentriert. Zahlreiche Rituale kennzeichnen Dievas´ Herannahen, seinen Eintritt und seine Begrüßung.

Im Besonderen zur Sommersonnwende feiert man die Anwesenheit und Segnung von Dievas und *Saulė*, der Sonnengöttin. Man könnte sogar glauben, daß Dievas dem Sankt Johannis entspricht, mit christianisiertem Namen. Um die Fruchtbarkeit der Felder zu sichern, legen die Rituale einen Schwerpunkt auf die menschliche Sexualität, tierische Befruchtung und Bienenzucht.

Dievas hilft außerdem aktiv bei der Viehzucht, besonders der Pferdezucht. Was die Pferde angeht, reicht Dievas´ Einmischung tiefer. Dievas verschenkt Pferde, hilft bei ihrer Haltung und ist Ratgeber für die Züchter.

Dainius Sirutis (Audrius Dundzila), Dievas, in *Romuva*/USA, No. 9, 1992.

Die Beschreibung des Dievas im obigen Artikel bezieht sich vor allem auf die litauische Folklore und Mythologie. Ethnologen sind unterschiedlicher Meinung über diese baltische Gottheit. So ist zum Beispiel A.J. Greimas der Ansicht: „Die Suche mythologischer und volkskundlicher Wissenschaftler nach einem obersten Gott im baltischen Pantheon scheint motiviert zu sein von dem Wunsch, eine Ähnlichkeit zum Christentum zu finden“. Jedoch ist er auch der Meinung, daß Gründe dafür existieren, warum der Name Dievas für den christlichen Gott verwendet wurde. „Der Dievas der Balten ist eine der positivsten Gottheiten im ganzen Pantheon, das beweist der Umstand, daß man seinen Namen wählte, um den christlichen Gott zu repräsentieren.“ Nach der Meinung V.V. Ivanovs und V.N. Toporovs war Dievas einer der Hauptgötter der Balten. Im pruzzischen Pantheon ist sein Name *Okopirmas* (der erste).

Jonas Trinkūnas

J. Greimas, „*Tautos atminties beieškant*“, Vaga, 1990.
V.V. Ivanov, V.N. Toporov, „Mitologia Baltica“, in *Studi Slavi*, No. 3, Pisa, 1995

Perkūnas

Perkūnas, Gott des Feuers, erneuert das Leben und schützt Recht und Ordnung. In Litauen wurde er von Bauern angebetet und von Kriegern angerufen. Während der letzten heidnischen Jahrhunderte war Perkūnas zum bekanntesten und am weitesten verbreiteten Gott geworden. Litauens Feinde wußten um seine Macht, und seine Flagge wehte über den litauischen Ländern. Der *Vytis* der litauischen Flagge stammt von einer Flagge zu Perkānas Ehren. Die pruzzischen Chroniken berichten von einer Flagge mit den Bildern dreier Götter: Perkūnas ist darauf der Hauptgott. In der Religion der Herrscher und des Adels war Perkūnas der oberste Gott.

Der litauische Herrscher Gediminas berichtet über Perkūnas in seinen berühmten Briefen an den römischen Papst. Während der Herrschaft Gediminas′ und anderer heidnischer Herrscher war der Perkūnas-Tempel *Romove* (Tempel oder Heimstätte des Friedens in Litauen) in Vilnius der wichtigste Tempel des Reiches. *Die Litauische und Zemaitische Chronik* berichtet folgendes: „In Vilnius, im Tal des *Šventaragis*, das nach dem legendären, litauischen Hohepriester *Skirmantas* benannt ist, befahl der Herrscher von Litauen den Vestalinnen und Priestern zu Ehren der Götter und des großen Gottes Perkūnas, der über das Feuer, den Donner und den Blitz herrscht, zu opfern. Sie mußten die ewige Flamme Tag und Nacht mit Eichenholz nähren. Wenn das Feuer erlosch, wurde es mit dem Funken von einem großen Findlingblock wieder entzündet.“

So wurde Perkūnas der oberste litauische Gott und der Beschützer des Landes. Selbst die Einführung des Christentums konnte die Macht des Perkūnas kaum schmälern. Die Litauer halten bis zum heutigen Tage daran fest, daß Perkūnas ihr erster Gott wäre, wenn es den christlichen Gott nicht gäbe. Als 1583 Jesuiten die litauische Diözese besuchten, mußten sie zu ihrer großen Bestürzung feststellen, daß die Litauer den Sturmgott Perkūnas verehrten, außerdem alte Eichen, die alten kommunalen Götter und „imaginäre Geister“, auf die sie sich beriefen und die ihre Heimstätten, Städte und Gärten beschützten. Man ließ heilige Feuer für Perkūnas in den Wäldern brennen. Die Frauen, die diese Feuer bewachten, nannte man Vestalinnen.

In ganz Litauen besaß Perkūnas seine heiligen Landstriche, die *Alkos* genannt wurden und in denen ewige Feuer brannten. Hügel und Eichengründe, die er berührte, galten als heilig. Ein Baum oder Fels, der von Perkūnas gestreift wurde, schützte vor Bosheit und Krankheiten. Heilige Eichen oder von Eichengründen bedeckte Hügel wurden von Wassergräben umgeben und beschützt. All diese Orte waren die geheiligten Gefilde von Perkūnas. Für die Bauern blieb Perkūnas ein Gott der Natur, der über den Blitz und das Wetter herrschte. Er sendet Regen und erneuert die Fruchtbarkeit der Erde. Der erste Donner im Frühling erschüttert die Erde und reinigt das Wasser und den Boden. Die Menschen warteten darauf wie auf eine große Segnung. Es war verboten, den Boden zu bestellen, bevor der erste Donner grollte. Denn dieser erweckte die Erde, und alles begann zu wachsen. Der Zeitpunkt des ersten Donners war wichtig: lag er vor Ostern, war es schlecht – lag er aber dahinter, so hielt man dies für ausgezeichnet.

Donnerstag ist der Tag des Perkūnas. An diesem Tag sollte ihm zu Ehren ein Feuer entzündet werden. Die Tradition, eine *graudulinė* oder Gedenkkerze anzuzünden, ist bis zum heutigen Tag lebendig. Obwohl das Wort *graudulinė* heutzutage „traurig" bedeutet, so erklärt das *Wörterbuch der litauischen Sprache* das Wort etymologisch als einen Alternativnamen des Perkūnas, der einen einzelnen Donnerschlag bezeichnet. In anderen Ritualen wird diese Kerze auch als Feuer des Perkūnas verwendet, besonders in Segnungen. Wenn Perkūnas menschliche Gestalt annimmt, erscheint er als ein zorniger Mann mit kupfernem Bart, einen Blitzstrahl oder eine Axt in der Hand. Das Feuer des Perkūnas ist in Bewegung, es lodert, und seine Werkzeuge deuten Bewegung an. Ordnet man seine Instrumente zusammen an, so bilden sie eine Swastika.

Perkūnas bewahrt die Ordnung in der Welt. Er verfolgt die Gewalt und das Böse, sowie die Anstifter des Chaos, die den Frieden bedrohen. In der Folklore erzählen viele Geschichten davon, wie Perkūnas dem Gott der Toten, *Velnias*, nachjagt. Ein weiteres Symbol von Perkūnas ist seine doppelköpfige Axt, die seine schöpferische und zugleich zerstörerische Macht veranschaulicht. Perkūnas schützt und straft. Seine Symbole bewahren Menschen, Häuser und Gebäude vor Feuer und anderen Katastrophen. Ein besonders wichtiges Symbol von ihm ist das geneigte Kreuz, „**X**", auch heidnisches oder keltisches Kreuz genannt. Dieses Symbol kann durch Bewegung und durch Worte dargestellt werden. Zum Beispiel sagt eine Redensart: „Ehe der Perkūnas donnert, wende dein Gesicht zu den Wolken und sprich: 'das Kreuz auf der Sänfte, das Kreuz auf dem Baum. Perkūnas, berühre mich nicht, schick deine Blitze nicht zu mir. Geh hinfort, geh hinfort' " Das alte litauische Zeichen des Kreuzes war das heidnische Perkūnas-Kreuz. Daß es ein Hakenkreuz war, sieht man an vielen altertümlichen, rituellen Einzelheiten, zum Beispiel auf Schöpflöffeln und Fensterornamenten. Das Kreuz des Perkūnas machte man sich in vielen Ritualen zunutze: beim Eingehen in einen Vertrag oder beim Trinken eines rituellen Tranks. Wurde das Perkūnas-Kreuz auf die Erde gestellt, schützte es die Saat, stellte man es an einer Tür oder einem Tor auf, bewahrte es vor Schaden.

Als Gott des Jahreskreises erweckte Perkānas die Erde und die Lebenskraft. Mit der Hilfe von Wasser und Feuer durchlief er selbst diesen Jahreskreis. Er erschien auf vielen Feiertagen in unterschiedlichen Gestalten. Aus diesem Grund gibt es laut den Legenden mehrere Perkūnas: einen für den Frühling und für den Herbst, einen für Osten, Süden, Westen und Norden. Manchmal heißt es, daß es sogar neun Perkūnas gibt.

Perkūnas sind im Laufe des Jahres viele Feiertage gewidmet: am 2. Februar der Perkūnas-Tag; *Graudulinė* oder die westliche Lichtmeß zur Wintersonnwende;

Das Frühlingsfest Jorė, einer der Perkūnas geweihten Feiertage

Frühlings-Perkūnas zu *Pelenija* oder dem westlichen Fasching; Ostern; *Jorė* (die erste Blüte); die Kreuztage im Mai; der sechste Sonntag oder das Versammlungsfest des Perkūnas; der 24. Juni als Feuer des Perkūnas; der 29. Juni als Perkūnas-Tag und der 1. Oktober sind ebenfalls Perkūnas-Feiertage.

Perkūnas und seine Symbolik sind weit verbreitet in den bildenden Künsten Litauens. G. Beresnevičius hat dargelegt, wie der Feuer- und Blitz-Symbolismus des Perkūnas noch immer in der litauischen Kunst und Dichtung auftaucht. Simonas Daukantas schreibt in *The Way of the Ancient Lithuanians and Samogitians*, daß Perkūnas, der größte unter den litauischen Göttern, viele Namen hatte: *Dundulis, Aukštėjas*, etc. Auch nannte man ihn manchmal direkt Dievas, welches der Name des obersten Gottes ist – dem Gott der litauischen Nation.

Jonas Trinkūnas

Velnias

In der frühen litauischen und lettischen Religion ist Velnias der Gott der Unterwelt und der Beschützer der Toten. In historischen Quellen bringt man ihn außerdem mit Landwirtschaft, Jagd, Handel und Handwerk in Verbindung. Manchmal agiert er als der Hüter der Gerechtigkeit. Zusammen mit *Dievas* hat er Anteil an der Schöpfung der Erde und ihrer Flora und Fauna – entweder als *Dievas'* Gehilfe oder als sein Gegenspieler. Velnias ist dem alten, pruzzischen Gott *Patulas* verwandt und teilt einige Merkmale mit den hinduistischen Göttern *Varuna* und *Vritra*, mit dem skandinavischen *Odin* und dem slawischen *Veles*. Die Wurzel des Namen Velnias, also *vel-*, ist dieselbe, die auch in *vėlė* steckt, den Geistern der Verstorbenen. Velnias ist in der litauischen Folklore der am weitesten verbreitete Gott.

In der litauischen Folklore findet man eine weitaus größere Anzahl an chthonischen Charakteren als an himmlischen Göttern. Es ist wichtig, die Vorstellung von Velnias in der Folklore zu erforschen, denn hier findet man die Hauptfiguren der chthonischen Welt. Als einer der beliebtesten mythologischen Charaktere Litauens wird Velnias oftmals in der Volkskunst und in der Folklore dargestellt, wird oft erwähnt im Aberglauben, im Glauben, in der Alltagssprache, und er wird häufig von professionellen Künstlern und Autoren als Hauptfigur in der Literatur, den schönen Künsten, Filmen, etc. verwendet. Die (teilweise) Umwandlung von Velnias in das genaue Gegenteil von Gott, also in den Teufel oder Satan, fand erst nach der Einführung des Christentums statt.

In dem Buch von N. Vėlius, das sich mit der chthonischen Mythologie beschäftigt, finden sich mehr als 10 000 Erzählstücke der litauischen Folklore, in denen Velnias erwähnt wird. In der litauischen Folklore hat Velnias mehr als 200 Namen und erscheint in der Gestalt verschiedener Tiere, Vögel, Reptilien oder Menschen unterschiedlichen Alters und Berufs. Er gesellt sich zu Göttern und Göttinnen und auch zu mythologischen Kreaturen niederer Art. Seine Beziehung zu den Menschen ist besonders kompliziert und widersprüchlich. Manchmal sucht Velnias die Freundschaft der Menschen, ihre Liebe oder Hilfe. Zum Beispiel bittet er sie, etwas für ihn auf einem Musikinstrument zu spielen oder ihn vor Perkūnas zu verstecken. Manchmal bringen verschiedene Umstände ihn sogar dazu, Menschen zu helfen – dann bestellt er ihr Land, baut Häuser, Brücken, Kirchen für sie, schützt sie vor Übeltätern und leistet Schmieden, Jägern, Musikern oder Priestern Beistand. Aber nicht selten sind auch die Fälle, in denen Velnias den Menschen auf unterschiedliche Art und Weise schadet – er verspottet sie, verleitet und plagt sie, macht Anschläge auf ihr Leben, verlockt sie, eine Sünde zu begehen, bemächtigt sich ihrer Seelen und versucht, sie zu verführen.

In der alten, litauischen Religion war Velnias nicht einfach ein Dämon, sondern ein Gott und Wächter der Toten. Die Funktion des Velnias als Beschützer der Toten, reinkarniert in ein Tier, kann auf der Basis litauischer Märchen begründet werden. Velnias war nicht nur ein Patron der Tiere, sondern auch ein Patron der Hirten.

In der litauischen Folklore wird Velnias oft als ein mythologisches Wesen dargestellt, das die Frauen anzieht, ihre Liebe sucht und sie sogar heiratet. Doch die Darstellung der Beziehung zwischen Velnias und den Frauen in der litauischen Folklore hat einen großen Teil an christlichem Einfluß erfahren müssen.

Manche Ortsnamen und Hinweise in der Folklore und alten, mythologischen Aufzeichnungen lassen annehmen, daß man sich Velnias in frühester Zeit als ein Gegenstück des himmlischen Gottes auf Erden vorstellte, das all dessen Merkmale entgegengesetzt in sich vereinte. Im Modell der Weltstruktur war Velnias′ Platz im Untergrund, und in der Darstellung dieses Modells in Gestalt eines kosmologischen Baumes war Velnias′ Platz zu dessen Füßen. Als ein chthonisches, mythologisches Wesen ist Velnias den himmlischen, mythologischen Wesen, wie Gott und Perkūnas, gegenübergestellt.

Velnias und Gott treten in den litauischen, ätiologischen Legenden oft zusammen in Erscheinung, wo sie zusammen an der Schöpfung der Welt arbeiten. In nur wenigen Legenden werden sie als einander ebenbürtig dargestellt, meistens wird Velnias als rangniedriger betrachtet. Er ist Gottes Helfer und Diener, der ihn unterstützt, seine Ideen zu materialisieren; aber sehr oft, ob beabsichtigt oder unbeabsichtigt, wirft er Gottes Pläne durch seinen eigenen törichten Unternehmungsgeist durcheinander. Die Vorstellung von Velnias als ein Schöpfer und Meister der materiellen Welt (Werkzeuge, Feuer, etc.) entstand unter dem Einfluß eines Ahnenkultes, bei dem man sich die Ahnen oft als Riesen vorstellte.

Die antagonistische Beziehung zwischen Velnias und Perknas ist höchstwahrscheinlich eine spätere Entwicklung als ihre freundschaftliche Beziehung, welche zurückreicht auf die proto-indo-europäische Periode.

Norbertas Vėlius, *Chtoniškasis lietuvių mitologijos pasaulis*,
Vilnius, 1987.

Saulė

Die große Sonnengöttin Saulë, deren Name selbst Sonne bedeutet, ist die Königin des Himmels und der Erde und die Matriarchin des Kosmos. Wie zahlreiche, alte Hymnen belegen, ist sie eine geliebte und populäre Gottheit der Litauer und Letten. Ihr Hauptfeste finden zur Sommersonnwende/Rasa, um die Zeit der Wintersonnwende und der Tag-und-Nacht-Gleichen statt.

Wenn die Tage im Herbst kürzer werden, wird Saulë schwächer in ihrem Kampf gegen die Mächte der Dunkelheit. Viele Rituale und Zaubersprüche werden zu dieser Zeit vollzogen, um ihr zu helfen und sie zu stärken. Die Litauer beginnen am 30. November, auf die "Rückkehr der Sonne" zu warten. Gegen Ende Dezember beginnt man dann, ihr zu Ehren Feste zu feiern, was sich bis zum 6. Januar fortsetzt.

Die Zeit, in der man Saulės Rückkehr erwartet, wurde in späteren Zeiten zum Advent der Christen und deren *Kūčios/Kalėdos* (24. und 25. Dezember) – Heiligabend und Weihnachten.

Saulė wird oft dargestellt als goldmähnige Frau, reich gekleidet in goldene Seidengewänder mit einem goldenen Schal oder einer goldenen Krone. Sie fährt ihren Wagen durch die Himmel, gezogen von zwei weißen, goldbesetzten Rössern, die man die *Ašviniai* oder die göttlichen Zwillingssöhne des Dievas (Gott des strahlenden Himmels) nennt. Saulė hat starke Verbindungen zum Meer, in welchem sie am Ende ihrer täglichen Reise versinkt, um zu baden und ihre Rösser zu waschen und das sie im Boot überquert. In der Nacht reist sie zur Unterwelt, ihre dunkle Seite zeigend.

Als das weibliche Oberhaupt der himmlischen Familie ist Saulė die Mutter der Planeten (man bemerke die Ähnlichkeit zur Urknall-Theorie). Ihre Töchter sind: *Vaivora* (Merkur), *Žiedrė* (Mars), *Selija* (Saturn), *Indraja* (Jupiter), *Aušrinė* (Morgenstern oder Venus) uns *Žemyna* (Erde). Einigen Gelehrten zufolge nannten die Litauer so die Planeten während eines matriarchalischen Zeitalters noch vor den Römern.

Am 13. Dezember (Fest der Heiligen Lucia) hält Saulė auf ihrer Rückkehr inne, um mit ihren Töchtern zu tanzen. Auch tanzt sie an *Velykos* (Ostern) und *Joninės* oder *Rasa*. Sie war mit *Mėnulis* (dem Mond) verheiratet, verstieß ihn jedoch wegen seines Ehebruchs mit ihrer Tochter *Aušrinė*. Für diese Tat vernarbte sie sein Gesicht. In anderen Versionen schlug Dievas den schönen *Mėnulis* und entstellte ihn.

Die Sonnengöttin wird mit dem magischen Götterschmied *Kalvis* (vergleichlich dem Lettischen *Dangaus Calves* und dem Finnischen *Ilmarinen*) in Verbindung gebracht. Man sagt, daß er die Sonne erschaffen und sie am Himmel plaziert hat. Andere Mythologien enthalten Geschichten über ihre Gefangenschaft und Befreiung durch einen Helden oder die Zeichen eines Tierkreises.

Saulė ist wohlhabend, aber sie arbeitet hart, um sich um ihre Ländereien, ihre Felder, ihr Vieh und ihre Familie kümmern zu können. Anstatt wie der unbeständige Mond gelegentlich für ein paar Tage zu verschwinden, geht Saulė immer wieder auf und erledigt ihre Pflichten. „Ihre Arbeit ist nie getan".

Sie liebt alle Menschen und strahlt für alle gleichermaßen und bedingungslos. Ihre Liebe zur Menschheit gleicht derjenigen einer Mutter. Gute Frauen werden oft mit ihr verglichen. In Saulės Gegenwart fliehen Dämonen und böse Geister, und die Menschen fühlen sich sicher, ihren Aufgaben und Arbeiten nachzugehen. Doch sobald sie den Himmel verläßt, muß jegliche Arbeit beendet werden. Ohne ihre Wacht weiter zu arbeiten, käme einer Einladung an gefährliche Geister gleich.

Die Sonnenstele

In Saulės Garten, der sich im Westen befindet, gibt es Apfelbäume mit goldenen, silbernen und diamantenen Früchten. In traditionellen Rätseln und Totenklagen wird sie auch oft der „goldene Apfel“ genannt. Andere Assoziationen enthalten: Feuer, Pferde, *žalčiai* (litauisch *žaltys*; heilige Schlangen); Vögel und Bäume, besonders die Linde; Rosen und Gänseblümchen; eine weiße Kuh oder eine weiße Ziege zum Sonnenaufgang und eine schwarze bei Sonnenuntergang; Bienen; ihren Schlitten; ihren vielrädrigen Wagen; ihr goldenes Boot; brennende Sonnenräder; *Saulės Medis* (der Sonnenbaum) und natürlich die Sonnenkreuze, die über die litauische Landschaft verstreut sind.

Saulė wird mit dem Rad in Verbindung gebracht. Auf litauisch nennt man sie manchmal *ridolele* – die rollende Sonne. Im Lettischen gibt es Sonnenlieder mit dem Refrain *ligo* (von *ligot* „schaukeln“) und *rota* (von *rotat* „wirbeln“, „hüpfen“).

Am Morgen der Sommersonnwende erwarteten die Balten ängstlich den Sonnenaufgang, um Saulės erste, gesegnete Strahlen nicht zu versäumen. Jeder wollte die Sonne tanzen sehen, wie sie aufstieg und dann für einen Moment abstieg, und wie sie schließlich in vielen Farben leuchtete. In lettischen Liedern über solche Feste findet man den Refrain: „Die Sonne, wie sie über den silbernen Berg tanzt, hat silberne Schuhe an ihren Füßen“.

Alle Arten traditioneller Frauenarbeit stehen ebenso unter Saulės Schutz, wie Fruchtbarkeit und Heilung; sie ist es, die die *kanklės* spielt (ein traditionelles, rituelles Instrument).

Saulė wurde beschrieben als Gattin des Dievas, des Perkūnas (des mächtigen Donnerers) und als die von Mėnulis, dem Mond. Doch letztendlich bleibt sie die unabhängige und machtvolle Matriarchin des Himmels und göttliche Inspirationen für alle alleinstehenden Mütter.

Neben den Balten gibt es noch viele andere Völker mit weiblichen Sonnengottheiten, wie in der nordischen, der germanischen, der japanischen, der hinduistischen, der alten arabischen und in zahlreichen nordamerikanischen Kulturen. Wo immer man zeitgleich eine maskuline Sonne findet (Kelten, Griechen, Römer), dort findet man auch Spuren von Sonnengöttinnen in Mythen und Ortsnamen. Obwohl es schwierig ist, einen einzigen, simplen Grund für diese Unterschiede zwischen den Kulturen zu bestimmen, so darf doch der Einfluß des

Geschlechtes des mächtigsten Himmelskörpers auf das irdische Leben nicht unterschätzt werden.

Audrius Dundzila

P. Dundulienė, *Lietvių liaudies kosmologija*, Vilnius, 1988;
D. Sirutis, The Lithuanian Sun Goddess Saule, in *Romuva/USA*, 1991, No. 4;
M. Gimbutas, *Ancient symbolism in Lithuanian folk art*, Philadelphia, 1958.

Alte litauische Lieder

Saulė

- Miela saulyte	*Geliebte Sonne,*
dievo dokryte	*Gottes Tochter,*
Kur taip ilgai užtrukai,	*Wo weilest du so lang,*
Kur taip ilgai gyvenai,	*Wo wohnest du so lang,*
Nuo mūs atstojusi?	*Wenn du dich von uns entfernst?*
- Po jūrių, po kalnelių	*Jenseits der Meere, jenseits der Berge*
Kavojau siratelės,	*Da schütz ich herrenlos' Gut*
Sušildžiau piemenačius	*Dort wärme ich die Hirten*
- Miela saulyte	*Geliebte Sonne,*
dievo dukryte,	*Gottes Tochter,*
Kas rytais vakarėliais	*Wer wird am Morgen*
Prakūre tau ugnelę?	*Dein Feuer entzünden?*
Tau klojo patalėlį?	*Wer am Abend dir dein Bett bereiten?*
- Aušrinė, vakarinė:	*Der Morgenstern, der Abendstern,*
Aušrinė ugnį prakūrė,	*Der Morgenstern entzündet mein Feuer,*
Vakarinė patalą klojo.	*Der Abendstern bereitet mein Bett.*
Daug mano giminėlės,	*Viele sind mir Freund und Sippe,*
Daug mano dovanėlių	*Viele mein Geschenk und Segen.*

Menesio Svoboda

Mėnuo sauložę vedė
Pirmą pavasarėlį.

Saulužė anksti kėlės,
Mėnužis atsiskyrė.

Mėnuo viens vaikštinėjo ,
Aušrinę pamylėjo.

Perkūns, didžiai supykęs
Jį kardu perdalijo.

- Ko saulužės atsiskyrei?-
Aušrinę pamylėjai?
Viens naktį vaikštinėjai?

Der Mond erwählte sich zur Braut
Die Sonn´ im ersten Morgentau

Doch nur eine Nacht verstrich,
Bis er von ihrer Seite wich

Als er nun fortan alleine ging,
Seine Lieb´ sich beim Morgenstern verfing.

Da kam der Donner herbei
Und hieb ihn erzürnt entzwei.

Was hast du die Sonne verlassen?
Und wanderst nachts allein
Im Morgensternenschein?

Žemyna

Die litauische Erdgöttin *Žemyna*, die man im Allgemeinen bei ihrem reizenden Kosenamen *Žemynėlė* nennt, erschafft und ernährt fortwährend das Leben der Menschen, Tiere und Pflanzen: alles Leben geht aus ihr hervor und zu ihr zurück. Als Mutter von Allem schenkt Žemyna den Menschen nicht nur das Leben und ernährt sie, sondern unterstützt auch ihre Fähigkeit, selbst neues Leben zu erschaffen. Außerdem verleiht Žemyna Gesundheit und Wohlstand. Ihr Bruder *Žemėpaitis* beschützt vor allem die Bauernhöfe und Haushalte.

Historische Chroniken, die von Protestanten geschrieben wurden, erwähnen die Verehrung Žemynas zwar vollauf, geben jedoch kaum genauere Informationen. Christliche Missionare haßten im Allgemeinen die weitverbreitete Ergebenheit der Litauer ihrer geliebten Göttin Žemyna gegenüber. M. Praetorius, ein Einwohner der Stadt Klaipėda, schrieb ca. 1690 eine umfassende Chronik, die spezifische, wenn auch nicht erschöpfende Informationen über die litauische Religion enthält (Auszüge in *Deliciae Prussicae oder preußische Schaubühne*. Herausgeber W. Pierson, Berlin: a. Duncker, 1871). Moderne Gelehrte benutzten seine Aufzeichnung als Ergänzung zu anderen vorhandenen Quellen, um die litauische Religion detaillierter zu beschreiben. In seinem Artikel „Motinos žemės gerbimas" beschreibt J. Balys eine maßgebende Anrufung an Žemyna. Jede große Feierlichkeit begann mit einer Anrufung Žemynas. Der Herr eines Hauses füllte einen Schöpflöffel mit Bier, schüttete etwas davon auf den Boden und sprach ein Gebet. Dann trank er etwas Bier, dankte den Göttern und den Mitgliedern des Haushaltes und sprach Segenswünsche für alle Anwesenden. Dann gab er die Kelle weiter an die nächste Person, die das Opfer und die Segenswünsche wiederholte. Marija Gimbutas berichtet in *Language of the Goddess: Unearthing the Hidden Symbols of Western Civilization* (San Francisco: Harper and Row Publishers,1989) eingehend über Praetorius´ Darstellungen von den Opferungen, die die Litauer ihrer Žemyna darbrachten.

Eine Zeremonie, während der man ein schwarzes, saugendes Ferkel der litauischen Erdmutter Žemyna opferte, wurde noch bis ins 17. Jahrhundert hinein durchgeführt. Bei einem Erntedankfest, das von einer Priesterin geleitet wurde,

wurde das geopferte Schwein rituell verspeist. Dann trug die Priesterin einen Teil des Schweines zusammen mit drei mal neun Stücken Brot zum Lagerhaus. Dort betete sie allein zur Göttin. In alter Zeit opferten viele Völker ihren Erdgöttinnen Schweine. Die Litauer steigerten die Tradition um eine multiplizierte Anzahl von Brotstücken. Der Multiplikationsfaktor zeigt dabei die Steigerung an.

Im Frühling betrachteten die Litauer Žemyna als schwangere Mutter und feierten ihre Fruchtbarkeit in vielen Variationen. *Užgavėnės*, das traditionell Anfang März gefeiert wurde, vertrieb den Winter (im Christentum wandelte man *Užgavėnės* in Fasching um). Die Frühlings-Tag-und-Nacht-Gleiche half bei der Geburt eines neuen Lebens. Zahlreiche Rituale für Žemyna begleiteten die ersten Bepflanzungen. Meistens backten die Bauern Brotlaibe aus den letzten Getreidegarben, die im Herbst geerntet wurden. Dann pflügten sie das frisch gebackene Brot mit in die Erde. Žemyna verleiht und erhält das Leben, und sie bekommt auch die Toten. Die Lebenskraft der toten Menschen ging zurück in die Erde, um in einem neuen Schöpfungszyklus erneuert zu werden. Žemyna bringt nicht selbst

Burgwall bei Lantainiai

den Tod, sondern wandelt den Tod in neues Leben um. Die Litauer brachten ihr besondere Opferungen bei Beerdigungen dar.

Da die Erde das heiligste aller Dinge war, wagten die Litauer nicht, mit ihr zu scherzen, sie zu schlagen, zu bespucken oder ihr in irgendeiner Weise respektlos gegenüberzutreten. Statt dessen küßten sie die Erde oft und regelmäßig, besonders vor der Arbeit und dem Zubettgehen. Auch wurde sie an wichtigen Übergangsmomenten im Leben geküßt. Periodische Opferungen für Žemyna, die hauptsächlich aus Brot und Bier bestanden, bildeten die Grundlage des agrarischen Zyklus der litauischen Feierlichkeiten. Die Litauer beriefen sich auch auf Žemyna, wenn sie Gerechtigkeit suchten und Eide schworen.

Eine eindeutige anthropomorphische Vorstellung von Žemyna hat sich nie entwickelt. Eine Anzahl von Darstellungen beschreiben Žemyna mit Metaphern zur Natur, während andere ihre lebensspendenden Eigenschaften hervorheben. Prähistorische Bernsteinstatuen von gebärenden Müttern, Erinnerungen an alteuropäische Bildhauer, könnten die namenlosen Vorgänger von Žemyna gewesen sein. Bis ins 19. Jahrhundert hinein verehrten die Litauer Žemyna an großen, flachen Steinen, die in die Erde gegraben waren. Diese Steine verkörperten Žemyna und enthielten ihre Kräfte.

Wie Marija Gimbutas beschreibt, wiederholten sich Žemynas Eigenschaften in einer Reihe von Göttinnen und Göttern, wie zum Beispiel *Medeinė* (die Waldöttin), *Lazdona* (die Haselnußgöttin), *Girait*is (der Haingott), *Puškaitis* (der laut atmende Erdgott) und *Miškinis* (der Waldgott). Allerdings sind deren Eigenschaften auf eine teilweise Manifestation der Natur begrenzt. Einige Chroniken führen *Medeinė* (die Waldgöttin) und *Žvėrūnė* (die Tiergöttin) als zwei der obersten, baltischen Gottheiten auf.

Unter dem Einfluß der indo-europäischen Religion wurde Žemyna entweder die Frau des obersten Himmelsgottes *Dievas* in seiner Inkarnation als *Praamžius* oder die des Wetter-, Donner-, und Gerechtigkeitsgottes *Perkūnas*. Žemyna in Gestalt einer Frau vervollständigte die „Vater Himmel – Mutter Erde“ Dualität, die den indo-europäischen Religionen eigen war. Als Frau des *Perkūnas* brauchte sie ihres Mannes Samen in Form des Regens, damit das Frühlingswachstum beginnen konnte. Aus diesem Grunde fing man nicht mit dem Pflügen und Pflanzen an, bevor das erste Frühlingsgewitter grollte.

J. Balys hat Gebete an Žemyna zusammengetragen, von denen einige im Folgenden aufgeführt werden. Die Litauer sprachen solche und ähnliche Gebete oft, während sie die Erde küßten:

Iš Žemeles parėjau,
į Žemelę nueisiu.
Žeme, motina mano,
aš iš tavęs atėjau ir į tave pavirsiu.

Žemė mano, motina mano,
aš iš tavęs atėjau ir vėl noriu
sugrįžti.
Žeme, motina mano, aš iš
taves esu, tu mane šeri,
tu mane nešioji, tu mane
ir po mirties pasiimsi.
Sudie, juodoji Žemele,
mano nešiotejėle!
Bėginėjau maža būdama.

Bučiavau tave rytais
vakarėliais.
Zemynėle, Žiedkelelė,
žydėk rugiais, kviečiais,
miežiais ir visais javais;
būki linksma, dievėlė,ant musų.

Ich komme aus Žemelė,
Zu Žemelė geh ich zurück.
Žemė, meine Mutter,
aus dir geh ich hervor und zu dir
geh ich zurück.
Meine Žemė, meine Mutter,
von dir bin ich gekommen und
zu dir will ich zurückkehren.
Žemė, meine Mutter, ich komm
aus dir, du nährst mich,
du trägst mich, du nimmst mich
auch nach dem Tode wieder an.
Leb wohl, schwarze Žemelė,
du meine Trägerin!
Als ich klein war,
lief ich schon auf dir herum.
Ich küßte dich jeden Morgen und
Abend, wenn ich das Haus verließ
Žemyna, Blütenerweckerin,
gedeihe mit Roggen, Weizen, Gerste,
und allem Getreide;
beschere uns Glück,Göttin.

(Während des Speiseopfers)

D. Sirutis, Žemyna, in *Romuva/USA*, 1991, No. 3.

Gabija

Die Verehrung des Feuers hat einen altertümlichen Ursprung. Weil das Feuer unsere Ahnen vor den Tieren und Gefahren der Nacht schützte, wurde es mit Hochachtung behandelt, als etwas Übernatürliches und von einer anderen Welt stammend. Als das Feuer in die Wohnstätten gebracht wurde, verlor es nichts von seiner Heiligkeit, sondern erlangte neue Bedeutung als Herdfeuer, das die Familien, Clans, Stämme und später die Städte vereinte. Das Feuer wurde nicht einfach als Verbrennungsprozeß betrachtet, sondern als ein unsichtbares Wesen. In der traditionellen Religion der Litauer sah man das Feuer als eine heilige, göttliche Kraft und als Symbol für alles Leben auf der Erde an. Von den alten Balten sprach man oftmals als Feuerverehrer. Eine griechische Quelle erwähnt die Litauer und nennt sie *pyrolatrians*.

Litauische Volksmärchen erzählen, daß das Feuer nicht von der Erde stammt, sondern aus der Unterwelt gebracht wurde von einer Schwalbe, die sich in ihrer Not ihren Schwanz verbrannte, wodurch diese besondere V-Form zustande kam. Andere Quellen meinen, das Feuer sei während eines Sturmes von *Perkūnas*, dem Donnergott, vom Himmel gebracht worden. Doch seit es einmal auf der Erde war, scheint es, daß die Pflege und Wache über das heilige und mächtige Feuer den Frauen überlassen wurde.

Der Kult um Gabija mit seinen prähistorischen Wurzeln hat bis zum heutigen Tage überlebt. Man beschreibt sie in Vogelgestalt, Tiergestalt (Katze) und auch in menschlicher Gestalt (eine rot gekleidete Frau, manchmal mit Flügeln). Sie wird allein von Frauen gepflegt, traditionsgemäß vom weiblichen Oberhaupt des Hauses oder des Clans. Von der Steinzeit an, als die Frauen das Höhlenfeuer hüteten, über die heidnischen „Konvents“ der alten, baltischen Länder bis hin zur modernen Frau, die in der Küche das Essen für die Familie kocht, ist der Kult um die Feuergöttin historisch reichhaltig und vielfältig. In verschiedenen, frühen Gesellschaften ist sie bekannt als *Gabija*, *Hestia*, *Vesta* oder *Brigid* (P. Dundulienė, *Senovės lietvuvių mitologija ir religija*, Vilnius, 1970).

In Litauen nannte man Gabija außerdem *Ramutė*, *Ungula*, *Ugninė* (feurig), *Pelenų Deivė* (Göttin der Asche) und *Ponikė* (Dame). Mit dem Aufkommen des

Christentums wurde sie auch als *Heilige Agathe* bekannt. Doch abgesehen von dem christlichen Namen, blieben ihre Riten und die Gebete an sie relativ unverändert.

Der Name Gabija ist abgeleitet von dem Verb *apgaubti* – „bedecken". Dieses wiederum stammt von dem Brauch, Gabija zu Bett zu legen, indem man vorsichtig Kohle und Asche für die Nacht aufschichtete und Gebete sprach, um sie zu bitten, „stillzuhalten" und nicht zu wandern – eine wichtige allabendliche Verpflichtung für die Herrin des Hauses. Gebete flüsternd, die sie von ihrer Mutter gelernt hatte, bedeckte sie vorsichtig und liebevoll die Kohlen. Wenn sie diese Aufgabe nachlässig oder achtlos erfüllte, bedeutete das für ihre Lieben und ihr Heim eine Katastrophe, denn unter keinen Umständen durfte Gabija vernachlässigt oder respektlos behandelt werden. Wenn man sie verärgerte, würde sie „einen Spaziergang machen" und auf ihrem Weg Zerstörung hinterlassen.

Gabija wird traditionell mit Salz und zahlreichen Speiseopfern „genährt". Wenn beim Kochen etwas Salz oder Essen ins Feuer fällt, sagt die Frau: *Gabija būk pasotinta* (*Gabija, sei zufrieden*).

Abendgebete an Gabija:

Šventa Ponyke, aš tave gražiai palaidosiu, kad nepapyktumei.

Šventa Gabija, būk rami ant vietos.

Gyvenk su mumis ramybėje, šventa Gabija.

In diesen Gebeten bittet man Gabija, mit uns in Frieden zu leben und stillzuhalten. Es ist Brauch, einen Krug mit klarem Wasser neben dem Herd stehen zu lassen, für den Fall, daß Gabija sich waschen möchte, und zu sagen: *Ugnele, pasimaudyk, atilsėk!* (Bade und ruhe, Feurige!)

Falls es nötig sein sollte, die Flammen zu löschen, so darf dies nur mit klarem Wasser geschehen. Das Feuer hat Augen – deshalb dürfen keine Unreinheiten ins Feuer geworfen werden. Die Folklore berichtet oft von den gräßlichen Folgen für diejenigen, die ins Feuer urinieren, spucken oder hinein stampfen. Verirrte Kohlen müssen sorgfältig eingesammelt und in den Herd oder den Ofen zurückgelegt werden.

Das Herdfeuer war der Mittelpunkt von allen Familienritualen und Übergangsriten, die vom weiblichen oder männlichen Familienoberhaupt geleitet wurden. Gabija nimmt die Opfergaben an und fungiert als Vermittlerin und Botin zu anderen Gottheiten. Ihre heilenden, schützenden und reinigenden Kräfte sind gut dokumentiert in vielen anderen indo-europäischen Gesellschaften. Sie entspricht jedoch nicht dem reservierten, passiven, jungfräulichem Archetyp der *Vesta* oder *Heslia*. Gabija ist das lebendige Zentrum eines jeden Tempels, Haines und Hauses. Sie ist das flammende Symbol von allem, was wahrhaftig lebendig ist auf diesem Planeten und eine Gottheit und Macht, die mit größtem Respekt behandelt werden muß.

Als die Bevölkerung wuchs, bildete sich eine Klasse von Priesterinnen, die *vaidilutės*, welche die heilige, ewige Flamme hüteten, die für die *tauta* brannte. Durch gemilderte familiäre Pflichten und die Arbeit in Paaren konnten sie das Feuer hüten und sich gleichzeitig um die heiligen Schlangen (*žallčiai*) kümmern und sie füttern.

Bis zum heutigen Tage werden in Litauen die rituellen Feuer von Frauen entzündet.

Vilija Vytė

Ragana

Das Bild der Göttin als zerstörende und erneuernde Kraft ist bis heute in der baltischen und slawischen Tradition farbenprächtig bewahrt. In der litauischen und lettischen Folklore heißt sie Ragana, in den russischen Märchen *Baba-Yaga*. Der Name der baltischen Ragana ist abgeleitet von dem Verb *regėti* – „wissen", „sehen", „vorhersehen" und von dem Nomen *ragas* – „Horn", „Halbmond". Der Name selbst enthält ihre maßgeblichen Merkmale: sie ist eine Seherin, sie „weiß", und sie wird in Verbindung gebracht mit dem zunehmenden Mond.

Sie kann sowohl als wunderschöne Frau als auch als alptraumhafte Kreatur erscheinen. Sie kann unzählige, verschiedene Gestalten annehmen, meist jedoch die einer Kröte, eines Igels oder eines Fisches. Sehr oft nimmt sie auch die Gestalt eines Vogels an, um fliegen zu können; oder aber sie reitet auf einem Stock oder Stumpf (ein Symbol für tote Natur).

Zur Wintersonnenwende fliegen nachts ganze Scharen von Raganas zu einem besonderen Treffen auf einem Berg. Eine aus der Gruppe nennt man „Dame". Im Winter baden die Raganas in Löchern, die ins Eis der gefrorenen Seen geschlagen sind, oder sie sitzen in Birken und kämmen ihr langes Haar. Der Tötungsinstinkt der Raganas offenbart sich nicht, wie man annehmen möchte, im Winter, sondern eher im Sommer – besonders dann, wenn die Nächte am kürzesten sind und die Pflanzen blühen... So erinnert sie daran, daß die Natur sterblich ist und daß es ohne den Tod kein Leben gibt. Aus diesem Grund wird sie im Wesentlichen mit Regeneration in Verbindung gebracht.

M. Gimbutas, *The Language of the Godess*,
New York, 1991.

Im baltischen Pantheon ruft keine andere Göttin so viel Angst hervor, wie Ragana oder *Rage*, wie man sie auch nennt. Die Wurzeln ihres Namens scheinen in dem Wort „Horn“ (litauisch *ragas*) zu liegen und mit dem Sichelmond (ab- oder zunehmend) in Verbindung zu stehen. Marija Gimbutas assoziierte ihren Namen auch mit dem Wort *regėti* – „vorhersehen“. Im Litauischen und Lettischen ist Ragana ein Synonym für „Hexe“.

Wo auch immer die Wurzeln ihres Namens liegen, sie scheint eine vor-indoeuropäische Gottheit zu sein, deren Verehrung offenbar zurückreicht bis zur Neusteinzeit. Pranė Dundulienė bemerkte, daß sie zuerst von Jägern in den tiefen Wäldern verehrt wurde, wo sie als Opfergaben die ersten Stücke der Jagdbeute erhielt. Ragana ist eine Mondgottheit, die Göttin der Nacht, des Winters, der Geburt, des Todes und der Erneuerung. Sie ist allwissend und allmächtig; sie besitzt die Fähigkeit zu heilen und zu zerstören. Sie wirkt sich auf die Fruchtbarkeit von Mensch und Tier aus; sie beherrscht das Wetter und bringt mit ihrem roten Zauberstab Stürme und Winde zum Aufbrausen und Abklingen. Sie kann Leiden und großes Elend über die Menschen bringen: so kann sie zum Beispiel Frauen unfruchtbar und Männer impotent machen und den Milchfluß des Viehs zum Stillstand bringen.

Die Zeit ihres Triumphes findet sich zur Sommersonnwende, wenn sich die gesamte Vegetation auf ihrem Höhepunkt befindet. Zum Zeitpunkt *Saulės* (der Sonne) größter Macht tritt Ragana hervor, gebietet dem Wachstum Einhalt und läßt das Jahr schwinden.

Sie ist die Göttin des Gleichgewichts; sie legt eine Balance zwischen Licht und Dunkel, zwischen Anschwellen und Abschwellen des Wachstums und der Zerstörung. Denn die ungezügelten Kräfte der Fruchtbarkeit könnten auch in sich selbst Katastrophen herbeiführen. Was wohl würde geschehen, wenn die Kräfte der Natur unaufhörlich und ungehindert blühen und gedeihen dürften? Wenn eine Frau eine endlose Reihe von Kindern gebären würde? Wenn die Vegetation und die Bevölkerung wachsen und wachsen würde? So, wie sie den Mond zerschneidet, so beschneidet Ragana auch die Gebärmutter und stellt die Menstruation ein. Sie bringt das Welken und Sterben der Pflanzen, so daß sie zur rechten Zeit Samen entwickeln und wieder wachsen können. Ragana hält die Zyklen und Jahreszeiten in Bewegung.

Doch obwohl sie die Göttin der Erneuerung und der Geburt ist, tauchen ihre Kräfte der Zerstörung und des Todes wieder und wieder in der baltischen Folklore auf. Es gibt jedoch keinerlei Hinweise auf Kannibalismus in ihrer Geschichte. Laut der Schriftstücke aus der Region Panėvežys in Litauen ißt sie drei mal neun „grüne" Beeren und drei mal neun reife Beeren und zerstört damit diese Anzahl an Männern, Frauen und Kindern.

Ragana ist eine Gestaltwandlerin mit der Fähigkeit, sowohl als grauenvolle Hexe wie auch als wunderschöne Verführerin zu erscheinen. Ihr Vogel ist die Eule. Manchmal nimmt sie auch die Form einer Schlange an, doch ihre bevorzugte Gestalt ist die einer Kröte. Von solchen „Ragana-Kröten" glaubte man, daß sie tödlichen, giftigen Speichel hätten. Sie auf irgendeine Art zu quälen, wurde als gefährliche Sache betrachtet. Diese Kröten waren unsterblich und der Versuch, ihnen Schaden zuzufügen, war verboten. Wenn solch eine Kröte, verletzt oder tot, die Erde berührte, würde sie sofort wieder lebendig werden. Amulette in Krötenform aus Wachs, Holz oder später Metall trug man, um Gefahren oder den Bösen Blick abzuwehren.

Ragana verwandelt sich auch in andere Tiergestalten, wie Vögel, Ziegen, weibliche Hunde, Füllen und Säue. All diese Tiere waren Symbole für Tod und Wiedergeburt. Viele Namen von Seen, Sümpfen und Weilern zeugen von der Verbreitung und der Beliebtheit des Kultes um diese Gottheit. Dennoch scheint es, wie alte Volksmärchen und heidnische Bräuche veranschaulichen, daß sie bereits in ziemlich frühen Zeiten dämonisiert wurde, noch ehe die ersten Christen kamen.

Ragana gehört nicht zum indo-europäischen Pantheon. Auch war sie nicht mit einem Mitglied der „himmlischen" Familie verheiratet, bis die Arianer auftauchten. Man könnte meinen, daß sie eine zu mächtige Figur war, so wie ihr Kult. Ragana ist vielleicht der „Alptraum eines Patriarchen" – eine starke matriarchalische Gottheit, deren Macht sogar bis in die sexuellen Leistungen der Männer hinein reicht. Die Kunde von ihr ist voller Geschichten über die Vernichtung und Ausschlachtung junger Männer, die zu ihr und ihren Mägden (den raganos) gekommen sind. Sie erschöpft sie buchstäblich (sexuell) und verschlingt sie dann.

Dem Anschein nach enthielt ihr Kult Handlungen, die denen der griechischen Mänaden ähneln – die Jagd auf einen Mann, ihn in Stücke zerreißen und von seinem Fleisch essen.

In späteren Volksmärchen dient die Jagd dazu, die *raganos* und ihre zerstörerischen Kräfte zu überlisten. Viel Zauberei ist dabei im Spiel, um ihren Zorn abzuwenden. Obwohl man in der baltischen Weltanschauung durchaus verstand, daß Zerstörung nur ein Teil des Schöpfungszyklus ist, so wäre es dennoch tollkühn gewesen, eine solche Gottheit dazu einzuladen, Gut und Familie zu besuchen. Ihr Einflußbereich könnte als „notwendiges Übel" im Kreislauf von Tod und Wiedergeburt bezeichnet werden. Raganas Macht kann nicht aufgehalten werden, denn sie ist ein unabtrennbarer Teil der Natur. Aus diesem Grund beinhalten viele Zaubersprüche und Anrufungen die Umkehrung ihrer Kräfte in der Hoffnung, Raganas vernichtende Mächte in eine andere Richtung umzuleiten – zum Beispiel zu einem Feind oder ungeliebten Nachbarn.

Ragana wird auf viele Arten dargestellt. Eine Quelle weist darauf hin, daß ihre frühesten Statuen aus Stein waren. Sie war furchteinflößend anzusehen mit den Zähnen eines Bären und langen, klauenähnlichen Nägeln. Ihre Opfergaben enthalten die ersten Eier im Frühling, Tierfleisch, Schafwolle, Frauenhaar, Käse und Butter. Am besten jedoch beschwichtigt man sie durch Menschenblut. In der einen Hand hält sie einen Pallasch und in der anderen einen Kelch oder Pokal (ein der Gebärmutter ähnliches Symbol für Erneuerung). Auf diese Weise bietet sie zugleich den Tod und das Versprechen der Wiedergeburt, Zerstörung und Heilung. Doch es ist ihr negativer Aspekt, der die Vorstellungen von Generationen geprägt und eine gefürchtete Dämonin erschaffen hat, und damit auch eine umfassende Lehre der Hexerei.

Also gibt es einen guten Grund dafür, daß die Bezeichnung „Hexe" einen Funken von Furcht hervorruft. Denn selbst in heidnischer Zeit wurde die Ragana gefürchtet. Aus diesem Grunde gibt es, zumindest in der baltischen Tradition, keine „weißen" Hexen.

Vilija Vytė

S. Baltrunas, *Ragana*, in *Romuva,* 1993, No 11;
P. Dundulienė, *Senovės lietuvių mitologija ir religija*, Vilnius, 1990;
M. Gimbutas, *Baltai priešistoriniais laikais*, Vilnius, 1985.

VELIONA

Veliona (vgl. lettisch *Velu Mate*) war die Göttin der Toten oder der *vėlės*. Man weiß nur wenig über sie. In der Stadt Veliuona (am Nemunas Fluß, östlich von Kaunas) wurde die Kirche auf dem brühmten Tempel errichtet, der dieser Göttin geweiht war.

Veliona ist eine chthonische Göttin und wacht über die Gewässer, die Erde, die Unterwelt und die Reichtümer dieser Orte. In der indo-europäischen Kosmologie wohnen die Schatten der Toten in der Unterwelt. Veliona beschützte vor allem die Toten, während *Velnias* oder *Pikuolis* (*Patulas*; ein Teil der baltischen Trinität), ihr männliches Gegenstück, auch die Fruchtbarkeit und Gaben der Erde und der Tiere schützte. In mehreren Legenden über litauische Krieger (die meistens Litauen gegen einfallende, christliche Kreuzritter schützten) heißt es, daß Veliona die in der Schlacht Gefallenen empfängt. P. Dundulienė schrieb, daß ihr Name und das Wort *vėlės* dieselbe Wurzel haben, wie das englische *Wael* (auf dem Schlachtfeld zurückgelassene Leiche) und das germanische *Walküre* (*Valkyries*) und *Walhalla* (Halle der gefallenen Krieger).

Chroniken belegen die weit verbreitete Opferung von Schweinen an Veliona; Schwein war auch der Hauptbestandteil eines Mahls der *Vėlinės*. Eine Familie lud ihre Nachbarn zum Schlachten ein, angeführt vom ältesten Familienmitglied. Sofort nach dem Schlachten kochten die Männer bestimmte Teile des Tieres in einem Getreide-Eintopf, den sie dann als Trankopfer der Veliona darbrachten. Auch das Hirn wurde sofort gekocht und von allen Anwesenden verzehrt. Andere Quellen berichten, daß Hennen und Hähne, männliche und weibliche Kälber, Mutterschafe, Ziegen, Schweine und Gänse geopfert wurden. In einem Gebet heißt es: „Veliona, komm und iß Wurst mit uns und unseren Toten“.

Dainius Sirutis

Laima

Laima, die Göttin des Schicksals, die dienstbar an die Stelle ihrer großen Mutter trat und die Schicksalsfäden aller Dinge, die diese in die Welt gegeben hatte (geboren hat) in ihren Händen hielt. Sie bestimmte den Weg eines jeden lebendi-

Die Göttin Laima

gen Wesens und schließlich auch seinen Abschied von dieser Welt (seinen Tod). Die Bedeutung der Göttin Laima nahm während der Entwicklung der baltischen Welt kontinuierlich zu und ging konform mit der wachsenden Einbeziehung des Menschen in die Rhythmen der Natur – die Welt von Mutter Žemyna, die alle Dinge der baltischen Welt in einem wunderbaren Gleichgewicht der Schicksale hielt. Das wunderbare Gleichgewicht der Schicksale, das alles umfaßte – leblose Dinge, Pflanzen und Tiere – blieb in den endlosen, ewigen Waldgründen der baltischen Landschaft unberührt vom Menschen, Žemynas verwirrtem, heimatlosem und rastlosem Kind.

Während *Žemynas* Ära war Laima bereits als *Žemynas* Schwester bekannt. Am wahrscheinlichsten kannten die frühen Balten sie als eine der vielen göttlichen Offenbarungen der Muttergöttin. In dieser frühen Ära war Laima eine göttliche Macht, welche die Verwandlung der Dinge – besonders die der Pflanzen und Tiere – in der mütterlichen Natur beherrschte, indem sie ihre Geburt, ihren Lebensweg und ihren Tod bestimmte. Mit dem weitreichenden Eingreifen des Menschen in die Natur – durch seine zerstörerisch-schöpferischen, landwirtschaftlichen Umgrabungen und sein organisiertes Leben in Stämmen und Völkern mit großen Siedlungen – erlangte die Göttin Laima den Status einer Schicksalsgöttin, die das individuelle, das gemeinschaftliche und das soziale Leben der Menschen und Völker beeinflußte. Möglicherweise erhob sich Laima sogar über die Götter hinaus und erlangte auf diese Weise eine derartige Aura von Göttlichkeit. In diesem Sinne könnte man Laima für ein baltisches Gegenstück zur griechischen Moira halten; sie spielte schon eine zunehmend bedeutende Rolle während der *Perkūnas*-Ära. Nicht einmal *Perkūnas* konnte ein Schicksal abwenden, das Laima einem baltischen Krieger oder König auferlegte.

Als sie sich als Göttin „über den Göttern" abzeichnete, erlangte Laima, die Gottheit des Schicksals, den Status wirklicher Göttlichkeit und begründete damit eine deutliche Entwicklungsstufe der baltischen Welt.

In lettischen Mythen überwachte Laima gebärende Frauen. Denn schließlich war es Laimas Schicksalsbestimmung, die darüber entschied, ob ein Kind geboren werden würde, wie seine physischen und mentalen Fähigkeiten ausgeprägt sein würden, ob es in Wohlstand oder in Armut leben würde und schließlich wann und wie es sterben würde. Nach einer erfolgreichen Geburt wurden Laima als Opfergaben eine Henne oder ein Ferkel dargebracht. Zum Anlaß einer Geburt versammelten sich die Frauen aus der Nachbarschaft im Badehaus (ein abgetrenntes Gebäude, das notwendiger Teil eines Haushaltes war), wo sie Opferrituale vollzogen und der Göttin Hymnen sangen oder rituelle Texte rezitierten, die ihr gewidmet waren. Rituale dieser Art nannte man *pirtizhas* (*pirtis* bedeutet „Badehaus“).

Laima bestimmte nicht nur über das Glück des Einzelnen: von ihr hing das Wohlergehen des gesamten Haushaltes oder Gehöftes ab. Wie in den baltischen Mythen zu lesen ist, wohnte Laima in der Nähe des Familienherdes und beobachtete sorgfältig das Treiben eines jeden Familienmitglieds und führte es auf seinem vorbestimmten Weg. Im Frühling wanderte Laima durch die Felder und segnete die Getreidesaat, und im Herbst, nach der Ernte, blieb sie in der Mühle und bestimmte die Menge des Familienmehls. Auch glaubte man, daß sie sich in den Viehställen aufhielt und über das Wohlbefinden der Haustiere entschied.

Letztendlich nahm sich Laima jedoch nicht nur des Lebens des Einzelnen oder der Familie an, sondern entschied auch über das Wohlergehen, das Überleben, das Aufblühen und manchmal auch über das Schwinden, den Zerfall und den tragischen Untergang eines Stammes oder sogar eines ganzen Volkes. Laimas göttliche Macht überwachte den Weg eines jeden Individuums, einer jeden Gemeinschaft, eines jeden Stammes und eines jeden baltischen Staates – sei es auch noch so kriegerisch und kriegslustig und vom mächtigen *Perkūnas* angeführt.

Die zerstörerisch-schöpferische Laima war die Göttin der Kreativität, denn Kreativität ist im Wesentlichen der Prozeß der Zerstörung und der Erschaffung – sie gehen Hand in Hand. Das lettische *laist*, ebenso wie das litauische *leist*, bedeutet „bestehen lassen“ und deshalb auch „bestimmen“. Außerdem bedeutet das lettische *laidums* „Schöpfung“ und *laideja* „Schöpferin“. Neben *Dievs* besitzt nur Laima die Gabe der Kreativität. Keiner anderen Gottheit ist sie zu eigen.

Diese vertraute Zweisamkeit eröffnet noch zwei weitere Einsichten: Als Göttin des Schicksals ist Laima die Regentin ihrer Beschlüsse. Sie diskutiert nicht nur oftmals diverse Probleme mit *Dievs*, sondern streitet auch oft mit ihm und verteidigt ihre Beschlüsse, wenn sie seinem Ansinnen entgegen stehen.

V. Vycinas, *The Great Goddess and the Austin Mythical World*, New York, 1990.

Für die Balten waren Geburt und ein langes, erfolgreiches Leben von der Göttin Laima abhängig. Wörterbücher und andere Quellen aus dem 17. und 18. Jahrhundert dokumentieren, daß Laima als Göttin der Geburt und des Schicksals betrachtet wurde; im Volksglauben wird ihr Einfluß noch heute deutlich. Rituale zu Ehren dieser wichtigsten Göttin wurden bis in die zweite Hälfte des 19. Jahrhunderts hinein vollzogen. So berichten Aufzeichnungen, daß man während dieser Zeit in Lettland noch immer vor der Geburt eine rituelle Badezeremonie abhielt und unmittelbar danach ein rituelles Fest. Diese Rituale wurden von der Matriarchin der Familie geleitet und beinhalteten auch die Opferung eines Schafes oder Huhns. Ähnliche Bräuche wurden im 17. Jahrhundert in Litauen aufgezeichnet. Das traditionelle Opfer war ein Huhn, das mit einem Schöpflöffel getötet werden mußte. An der Zeremonie nahmen ausschließlich Frauen teil. Die Gebärende opferte ein Handtuch, eine Schärpe oder ein Unterhemd, diese Gegenstände wurden dann der Hüterin der Sauna ausgehändigt. Interessanterweise hat man die gebärende Frau eine Bärin genannt; dieser Brauch könnte aus paleolithischen Zeiten stammen, als man sich vorstellte, daß eine Frau, die gerade gebar, einige Aspekte einer Göttin annimmt.

Laima ist eine allwissende Göttin. Im alten Litauisch hatte das Wort *lemti* viele Bedeutungen, die mit Wissen zusammenhingen. Es bedeutete nicht nur „Glück" (*laimė*) oder „Schicksal" (*lemtis*), sondern das abgeleitete Verb konnte „wissen", „entscheiden" oder „beschließen" bedeuten. Laima erscheint entweder als einzelne Göttin oder als Trinität. Die drei Laimos verkörpern verschiedene Aspekte des Schicksals. Das Leben einer Person wird wie ein Faden gesponnen. Der Körper ähnelt dabei einer Spule, um die der Faden gewunden ist, ist die Spule einmal voll, ist das Leben beendet. Die Laimos sind ebenso Weberinnen wie sie Spinnerinnen sind; sie können den Faden des Lebens auch unterbrechen oder auftrennen.

Als Göttin des Schicksals kann Laima die Gestalt eines Kuckucks annehmen. In dieser Inkarnation kann sie Prophezeiungen über Glück oder Unglück ausrufen. Manchmal erscheint sie auch als drei Vögel, wie man in Liedern sehen kann: „Oh, und drei Kuckucks flogen auf inmitten einer finstren Nacht...". Auch erwähnen Lieder einen goldenen Schemel: „Als sie auf der grünen Birke saß, als sie sich auf den goldenen Schemel stütze, da stickte sie einen seidenen Schal und spielte mit goldenen Bällen".

Laima kann nicht nur über den Verlauf des Lebens bestimmen, sondern auch über materiellen Überfluß. So bezeichnet in der alten, pruzzischen Sprache das Wort *laims* den „Überfluß", den „Reichtum"; auf lettisch bedeutet das Wort *laimė* „reich". In dieser Funktion kann sie die Gestalt eines Schwanes, einer Ente oder eines Lammes annehmen. Wenn sie in der Gestalt eines Schwanes gefangen wird, kann sie sich in eine Frau verwandeln. Derjenige, der sie dann heiratet, wird sehr reich werden. Erwirbt jemand ein Lamm, in dem Laima gerade wohnt, wird es ihm unsäglichen Reichtum bringen und ein glückliches Leben. Die frühen Litauer opferten Lämmer vor heiligen Steinen, dieser Brauch ist vermutlich sehr altertümlich. Forschungen auf prähistorischem Gebiet haben ergeben, daß der Widder das heilige Tier der Vogelgöttin war.

Spuren der Vorstellungen von Laima finden sich auch bei anderen Nebengöttern. So kann zum Beispiel der *Aitvaras* der litauischen Folklore ebenfalls seine Gestalt verändern und als Vogel oder Feuerschlange erscheinen. Manchen Menschen bringt er Reichtum und Glück, tut das aber für gewöhnlich ohne deren Wissen. Der *Aitvaras* wird für gewöhnlich aus einem Ei ausgebrütet, das in den meisten Fällen in der Nähe eines wilden Birnbaums gefunden worden ist. Wegen seines dämonischen Erbes, kann der *Aitvaras* aber auch Unglück herbeiführen, zum Beispiel kann er Feuer verursachen.

In den Chroniken, welche die Jesuiten im 17. Jahrhundert schrieben, werden kissenförmige Steine erwähnt, denen Opfer in Form von Flachs, Schärpen, gewebter Kleidung und Blumen dargebracht wurden. Manche wurden *Laimas-* oder *Göttin-Steine* genannt und wurden für heilig befunden. Man glaubte, daß Laima in ihrer Nähe den Schicksalsfaden spann und daß unter solchen Steinen das „Wasser des Lebens" zu finden wäre. 1836 beschrieb L.A. Jucevičius viele solche Steine in der zemaitischen Region und der Region um Vilnius. Sie waren um die 1,5m hoch, hatten eine glatt gehauene Oberfläche und befanden sich an Flüssen oder Bächen. Laut Jucevičius waren diese Orte den „regierenden Göttinnen" geweiht.

Marija Gimbutienė

„Baltai priešistoriniais laikais", Vilnius, 1985.

Austėja

Austėja ist die Göttin der Bienen und man glaubte, daß sie, ebenso wie *Žemyna*, Wachstum, Überfluß und Fortpflanzung förderte. J. Lasicki erwähnte sie im 16. Jahrhundert. Gleichzeitig ist Austėja die Beschützerin der Familie und die einzig wahre Mutter der Bienen. Austėja ist Frau und Biene in einer Person. A.J. Greimas verbindet ihren Namen mit den litauischen Verben *austi* – „weben" und *austyti* –

„schnell hin und her fliegen“, „Türen immer wieder auf und zu machen“, was mit dem Sammeln von Honig und dem Bauen von Honigwaben zusammenhängt.

Die griechische Göttin *Arthemis*, die Beschützerin von Müttern einer Großfamilie und von schwangeren Frauen, wurde auch als Biene bezeichnet: *Melissa*.

Beim Opfern für Austėja werden Getränke in die Luft oder an die Decke geworfen. Met muß vor dem Hochzeitstanz geopfert werden. Auch während einer Taufe wird Met vergossen und Ehestifter geben Trinksprüche, damit „die Bienen viel Honig sammeln“. Austėja ist die Schutzgöttin der Bräute und der schwangeren Frauen. Die Bienengestalt der Göttin deutet ihr Alter an.

Die Feier der Austėja findet Mitte August statt – an einem Feiertag namens *Žolinė*, an dem die Bienen besonders fleißig sind und Honig von den Wiesen bringen. Austėja werden Honigopfer dargebracht.

An dem Tag, wenn der Honig aus den Bienenkörben geerntet wird, versammeln sich die Menschen schon früh am Morgen. Ehe die Bienenkörbe geöffnet werden, beten sie und opfern der Göttin. In den baltischen Sprachen gibt es ein spezielles Wort, das eine solche Ernte beschreibt: *bičiuliai* heißt es im Litauischen (wörtlich: Gemeinschaft der Bienenzüchter). Dieser Terminus hat inzwischen eine breitere Bedeutung erlangt und bezeichnet auch besonders enge Freunde.

Man glaubte, daß die Bienen nicht bloß gewöhnliche Kreaturen waren – sie galten als heilige, der Göttin ähnelnde Arbeiter. In der litauischen Sprache verwendet man unterschiedliche Termini für den Tod eines Menschen und den Tod aller anderen Wesen. In diesem Zusammenhang stehen die Bienen auf einer Stufe mit den Menschen, und es geschieht nur im Falle der Bienen, daß das für Menschen reservierte Wort gebraucht wird. Tote Bienen mußten in der Erde beerdigt werden. Die Bäume, in denen die Bienen ihre Bienenkörbe bauten, galten als heilig. Bienen besaßen eine starke moralische Autorität. In Gegenwart einer Biene war es verboten, zu streiten, zu fluchen, einander auszunutzen oder sich schändlich zu benehmen. Man glaubte, daß Bienen reden und singen konnten. Sie sangen während der größeren Feiertage und besonders zu den Festen der Sonne. Bienen konnten die Sprache und Gedanken der Menschen verstehen und die Zukunft vorhersagen.

Ein Beispiel für ein Rätsel: „In einer dunklen Stube sitzt eine Maid und webt, ganz ohne Webstuhl und Garn.“ (Eine Biene, die eine Wabe baut.)

Jonas Trinkūnas

Kaukai, Aitvarai und andere

In der Mythologie und der Religion der Litauer gibt es viele Nebengottheiten und mythologische Wesen, deren Andenken in der Folklore und den Bräuchen des Volkes bis zum Anfang des 20. Jahrhundert bewahrt wurde. In alten Zeiten, den Zeiten der mächtigen, baltischen Götter, waren diese Nebengötter dem einfachen Landvolk vollkommen vertraut. Außerdem wurden damals und bis vor kurzer Zeit die altertümlichsten, weiblichen Gottheiten von den Bauern verehrt. Im Pantheon der heidnischen, litauischen Herrscher zum Beispiel wird man kaum die wichtigsten Göttinnen der Bauern finden – *Žemyna* und *Laima*. Martynas Mažvydas schreibt in dem ersten Buch, das auf litauisch gedruckt wurde, dem *Cathechysmus* (1547): „Selbst in unseren Tagen gibt es noch viele, die blasphemische Abgötterei betreiben: die einen verehren Bäume, die anderen Flüsse, manche verehren Ringelnattern oder irgend etwas anders, sie beten sie an und erweisen ihnen Ehre. Hier gibt es welche, die feierlich dem *Perkūnas* schwören, wer sich um sein Getreide sorgt, verehrt den Laukosargas oder der, der sich um die Ställe kümmert – die Žemėpatis. Die, welche versessen sind auf böse Energien, die verehren Aitvarai und *Kaukai* als ihre Götter". Und dann appellierte Mažvydas an seine litauischen Leser: „Werft weg die kaukai, žemėpačiai und lauksargai". A.J. Greimas bezeichnet die Verehrung solcher niederen Gottheiten als „religiöse Degradierung", allerdings scheint gerade dieser Teil der religiösen Praktiken unter dem Volk der hartnäckigste zu sein. Norbertas Vėlius´ Buch *Mythische Geschöpfe in litauischen Legenden* (Vilnius 1997) ist eine ausgedehnte Studie über die *laimės*, *laumės* (Naturgeister), *aitvarai*, *kaukai* (Hausgeister), Hexen, Zauberer, Werwölfe (außergewöhnliche Menschen) und andere.

Wir werden nur einige der mythologischen Wesen Litauens erwähnen und charakterisieren.

Die Litauer verehrten die Götter und Göttinnen der Gehöfte und Häuser. Der Kult um diese Gottheiten stammt von der vergöttlichten, entfernten, ur-anfänglichen Mutter-Vorstellung ab; später wurde er auch von der Vater-Vorstellung beeinflußt. Diese Gottheiten beschützten das Haus, die darin lebenden Menschen, die Gebäude des Gehöfts, die Haustiere und das Geflügel.

Einige archaische Elemente des ur-anfänglichen Mutterkultes überlebten bis zum 19. Jahrhundert. Wenn die Braut während ihrer Hochzeit Abschied nimmt vom Elternhaus und seinen Göttern, opfert sie und betet zu einem weiblichen Götzenbild, das aus einer Strohgarbe besteht, und bittet um Vergebung, daß sie ihr Heim verläßt und in ein neues zieht, in dem sie neue Götter verehren muß. *Nonadieve*, ein Göttin, die in der *Volyn' Chronik* erwähnt wird (Mitte des 13. Jahrhunderts), muß wahrscheinlich die Hausgöttin gewesen sein. Sie entspricht J. Lasickis *Numeja*. Der Satz „Numeias vocant do Domesticos" sollte übersetzt werden als „Numejas nennt man die Hausgöttinnen".

Die Göttin *Dimstipati,* die in schriftlichen Quellen erwähnt wird, wurde später in die männliche Gottheit *Dimstipatis* umgewandelt. Doch die Opferriten, die an ihn gerichtet waren, wurden weiterhin von Frauen ausgeführt, was auf seinen weiblichen Ursprung hinweist. Die Frauen kümmerten sich um den wichtigsten Platz im Haus, die Ecke hinter dem Tisch, weil man glaubte, daß dort Götter und Göttinnen lebten. Auch *Žemėpati*, die Göttin der Gehöfte, wie sie in den schriftlichen Quellen genannt wird, wurde später in einen männliche Gott umgewandelt: *Žemėpatis*.

Von den Geistern der Unterwelt waren die kaukai den Litauern am bekanntesten. Die Vorstellung von diesen Kreaturen rührt von totgeborenen Babys her und von Babys, die ohne Geburtsriten gestorben sind. *Kaukai* wurden als kleine Männchen dargestellt, sowohl Männlein wie Weiblein. Neben den *kaukai* gab es in der Unterwelt auch noch Geister, die im Boden verborgene Schätze bewachten. J. Lasicki schrieb: „Kaukai sind die handflächengroßen Geister der Toten (‚Lemuren'). Die Menschen füttern sie, weil sie glauben, daß es Unglück bringt, wenn sie es nicht tun".

Aitvaras kann man unter den Luftgöttern einreihen. Er scheint die Gestalt eines Drachen oder einer Riesenschlange mit flammendem Kopf zu haben. Er sollte mit gebackenen oder gekochten Speisen gefüttert werden, von denen noch niemand gekostet hat. Die Vorstellung von diesem Wesen entwickelte sich vermutlich durch das Beobachten blitzender Meteore, nachdem sich die Landwirtschaft bereits ausgebreitet hatte. Zuerst nahm man an, daß aitvarai im Himmel oder in den Wäldern lebten. Menschen, die sich aitvarai hielten, hielt man für bösartig, denn aitvarai stahlen aus anderer Leute Kornspeicher und Scheunen. Die aitvarai werden von *Perkūnas* gejagt. Unter dem Einfluß des Christentums hieß es dann, sie bewohnten Kornspeicher und seien Diebe. Letztendlich hielt man die aitvarai jedoch für göttliche Kreaturen, die die zwischenmenschlichen Beziehungen regeln und das Maß an Wohlstand beeinflussen.

Jonas Trinkūnas

Von den Feiertagen

zu Abb. S. 87: Deivė, litauische Göttin

Feiertage sind Bestandteil eines jeden Glaubenssystems. In der traditionellen, baltischen Religion reflektieren die Feiertage die Zyklen der Natur; einige davon sind an landwirtschaftliche Tätigkeiten gebunden, andere nutzen die Jahreszeitenwechsel um die Ahnen zu ehren. Selbst die traditionellen, nicht von den Jahreszeiten abhängigen Familienfeiertage, wie Taufen, Hochzeiten und Totenwachen, haben noch einige altertümliche Rituale und Bräuche bewahrt und sind von einer konservativen Weltanschauung bestimmt. In der Aufreihung traditioneller Feiertage gibt es keine, die ein historisches Ereignis feiern – Feiertage dieser Art wurden von Staatsstrukturen ins Leben gerufen. Nach der verspäteten Anerkennung des Christentums in Litauen bemühte sich die katholische Kirche, möglichst viele Volksfeste und Bräuche zu verbieten, und diese Bemühungen hielten an bis ins 18. Jahrhundert. In Fällen, die sich als schwierig erwiesen, setzte man alles daran, die Gesinnung der Feiertage zu verändern oder ihnen zumindest neue, christliche Namen zu geben.

In den baltischen Ländern sind alle vier Jahreszeiten von ähnliche Dauer, was die Verteilung der an den Jahreszeiten orientierten Feiertage beeinflußte. Interessanterweise galten die Stufen des menschlichen Lebens als Widerspiegelung der Jahreszeiten. Die meisten der großen Kalenderfeiertage waren dem Gedenken und der Ehrung der verstorbenen Ahnen gewidmet. Leider haben sich bis zum heutigen Tage die Aspekte dieser Tradition lediglich in den Bräuchen, die mit *Vėlinės* zusammenhängen, erhalten und etwas lebendiger während *Kūčios*. Das Fest der Toten hatte nicht nur mit der Ehrung ihres Andenkens zu tun, sondern auch mit praktischeren Dingen. Man glaubte, daß die Toten zu einer Steigerung der Ernteerträge beitragen konnten, deshalb fanden die herbstlichen Feiertage zur Ehrung der Toten nach der Getreideernte statt.

Fast alle Kalenderfeiertage zeichnen sich durch einen charakteristischen Schwerpunkt aus, wie durch Feuer, Wasser, einen Baum, Festmahle, Totenfeiern, Verehrung der Himmelskörper (Sonne, Mond, etc.). Während des Frühlings, zum Beispiel, gilt die Aufmerksamkeit dem Wiedenenscheinen jahreszeitlicher Vögel, und viele Frühlingsfeste enthalten Bräuche, die ihre Ankunft feiern. Zu *Velykos* wird beispielsweise ein gefärbtes Ei – das Symbol der Vitalität – geopfert. Feuer gilt als universelle Macht, die reinigen, erneuern und Licht verbreiten kann, und es gibt Rituale, während denen das Feuer selbst erneuert wird. Wasser ist eine Quelle vitaler Stärke, eine Quelle der Lebenskraft und der universellen Reinigung. Auch die Art der Speise, die während eines Feiertagsessens serviert wird, ist eine wichtige Komponente der Rituale. Speise und Trank werden assoziiert mit Opfergaben, die zum Erntedank oder zur Totenehrung dargereicht werden. Die Verehrung von Bäumen bezieht sich auf die Einbeziehung des Menschen in die jahreszeitlichen Zyklen der Natur. So kennzeichnet beispielsweise *Verbos* das erste Wachstum im Frühling. Die dem Sommer eigene Vitalität wird gefeiert, wenn die Menschen ihre Häuser zu *Sekminės* mit Birkenzweigen schmücken oder wenn die Mädchen zu *Rasa* Girlanden schwingen.

In der lettischen Mythologie werden die Himmelskörper und andere Naturphänomene zu mythischen Wesen personifiziert, die einen gemeinsamen Namen tragen – *Dievadeli* (Söhne Gottes) – und einige von ihnen wurden Bestandteil der Jahresordnung der Feste. Auch die Frühlings-Equinox, *Lieldienas*, wurde personifiziert. Man glaubte, daß während dieser Feste die personifizierten Himmelswesen erschienen und für jeden Geschenke mitbrachten. Als Gegenleistung brachten ihnen die Menschen Speisen und Gaben dar.

Volkslieder und rituelle Rundtänze sind ein wichtiger Bestandteil der Kalenderfeiertage. Jede Region in Litauen hat ihr eigenes Erbe an solchen Liedern bewahrt. Die *Dzūkai* (Südost-Litauer) haben die Jul-Lieder am besten erhalten, die *Aukštačiai* (die Hochländer) sammelten viele Lieder, die mit den Frühlingsfesten zusammenhingen, die *Žemaičiai* (Zemaiten) die Gesänge für die Toten. Die Kalenderlieder bewahren ein Vermächtnis, das weit in die Tiefen der Zeit zurückreicht. In ihnen spiegelt sich der Symbolismus der Indo-Europäer und in manchen Fällen sogar der der Ureinwohner Europas wider.

Die Wiedergeburt der baltischen, traditionellen Kultur, einschließlich der altertümlichen Rituale an den Feiertagen, hat erst vor wenigen Jahrzehnten ernsthaft begonnen. Dieser Teil des Buches beginnt mit einer Tabelle, die einen Überblick über die hauptsächlichsten Feiertage verschafft und eine kurze Beschreibung ihrer Zwecke gibt. Darauf folgen Artikel über das Brauchtum an großen Feiertagen. Ursprünglich wurden diese Artikel in internen Publikationen veröffentlicht, die an Mitglieder gerichtet waren, die sich für die alten, heidnischen Traditionen interessieren.

Die traditionellen Hauptfeiertage

Eine chronologische Auflistung der wichtigsten traditionellen Feiertage

Monat	Litauischer Name	Erläuterung
I.	Pusiaužiemis	Neumond, Fest zur Wintermitte.
	Kirmių diena	Ende des Monats: Andenken an die Winterschlaf haltenden *žaltys.*
II.	Užgavėnės	Ende des Monats: Ritus, um den Winter zu vertreiben. Gegenwärtig Beginn der Fastenzeit.
III.	Pavasario lygė	Frühlings Equinox. Den Frühling willkommen heißen, Preisung der Erneuerung des Lebens.
IV.	Jorė	Ende des Monats: Feiern des neuen Wachstums im Frühling.
V.	Samboriai	Ende des Monats: Feiern des Wachstums des Getreides.
VI.	Rasa	Sommersonnwende. Huldigung der Sonne. Feiern der Heilkräuter.
VII.	Rugių šventė	Ende des Monats: Segnung des Roggens oder anderen Getreides vor der Ernte.

IX.	Dagotuvės	Herbst Equinox. Erntedank.
X.	Velinės	Ende des Monats: Fest zum Andenken der Toten.
XII.	Kūčios	Vorabend der Wintersonnwende. Zeit der Verbindung zwischen den Lebenden und den Toten.
	Kalėdos	Wintersonnwende. Huldigung der Sonne, ein Fest des Loslassens.

UŽGAVĖNĖS

Wintergeleit

Der Feiertag *Užgavėnės* treibt den Winter aus und begrüßt den Frühling. Für die Christen ist es der Vorabend des Fastens, der vor-österlichen Zeit der Reue. *Meteni* ist der Name dieses Festes auf lettisch.

A.J. Greimas schrieb: „Unter dem Einfluß des Christentums wurde Užgavėnės ein beweglicher Feiertag. Früher wurde er zur Frühlings-Equinox gefeiert. Die neue Sichel des Mondes, die zu dieser Zeit erschien, kündigte den Beginn eines neuen Jahres an". In vielen Ländern feiert man Užgavėnės als Karneval. Das litauische Užgavėnės wird in der Tradition altertümlicher Rituale gefeiert, während denen sich die Schatten der Toten und die Naturgötter begegnen.

In den litauischen Ebenen der Zemaiten sind Prozessionen von maskierten und kostümierten Leuten sehr beliebt. Im Hochland der Aukstaiten fahren die Menschen auf Schlitten, veranstalten Rennen und singen *dainos*.

Zu Užgavėnės existiert eine lange Liste von Traditionen, Spielen, *dainos*, etc. Im Folgenden werden die wichtigeren Feiertagsereignisse aufgeführt:

- Reichliche Mahlzeiten
- Reiten und Rennen

- *Morė* (eine Strohfrau, die den Winter symbolisiert) von Hof zu Hof schleppen und sie zum Abschluß des Feiertags durch Opferung oder Ertränken vernichten
- Schauspieler, die als Tiere, Verrückte oder Dämonen verkleidet sind (Ziegen, Störche, Pferde, die Totengöttin *Giltinė*, Doktoren, Bettler oder wandernde Bettelmönche, Soldaten, Zigeuner, Hochzeitsgesellschaften, etc.)
- Darstellungen vom Kampf zwischen Winter und Frühling – das Duell zwischen *Lašininis* (eine Figur, die Gefräßigkeit symbolisiert) und *Kanapinis* (eine abgezehrte Figur, die das Fasten symbolisiert), in dem der abgemagerte, gebrechliche Kanapinis über seinen fetten, starken Gegner siegt
- Szenarien von Hochzeiten oder Begräbnissen
- Verschütten und Spritzen von Wasser
- Weissagungen

Die Morė

Rekašius schrieb: „Užgavėnės bezieht sich auf den Frühling, die Fruchtbarkeit und den Flachs. Der Zeitraum dieses Frühlingsfeiertages war verbunden mit den vėlės oder den Schatten der Ahnen. Der Tag steht in direktem Zusammenhang mit dem Schutz der Ernte. (...) Weil die vėlės während dieses Zeitraums (wie auch im Advent) aktiv arbeiten, könnte dies die Zeit sein, in der sie die Grenze zwischen der geheiligten und der irdischen Welt der Menschen überqueren können. Deshalb bemüht man sich, ihnen nicht im Wege zu stehen und nicht von ihnen bemerkt zu werden."

Dainas. Es scheint, als seien bei den Zemaiten die Traditionen von Užgavėnės am besten erhalten. Sie singen die meisten Lieder über Bettler und Bettelmönche. Die Aukstaiten haben einige sehr alte Užgavėnės-*dainas* erhalten, dafür aber weniger Traditionen.

Die Symbole in den *dainas* sind die Folgenden:

Pferd, Roß. „Oh, das ist ein Pferd, das ist ein gutes Pferd..." „Das Pferd rannte, das Gras wuchs..." – ein Symbol für erwachende Lebensenergie. Die Natur erwacht.

Wasser, fließendes Wasser. Wird in fast allen *dainas* dieser Zeit erwähnt. „Der tiefe Fluß, leluma", „Jenseits der Meere, der Meere, froren die Seen ein" Wasser und Meere gelten als uranfängliche Natur, aus der alles geboren ist und in die alles zurückkehrt. Bewegtes, fließendes Wasser symbolisiert das Erwachen der Natur.

Mädchen. „In dem Fluß, in dem See, sitzt ein Mädchen auf einem Stuhl" Auf einem goldenen Stuhl sitzend kämmt sie ihr goldenes Haar. Dies ist ein sehr bekanntes Bild von der Naturgöttin.

Haar. Haarekämmen wird mit Schwimmen und Fließen assoziiert: die Bewegung der Natur.

Flachs. Auch dies ein Symbol für Haar und für erblühendes Leben.

Die Frühlingsfeste

Das erste *šventė* (Fest) im Frühling ist *Lygė*, wenn sich auch die ersten Anzeichen des Frühlings schon früher bemerkbar machen. Der Frühling beginnt mit dem *Perkūnas*-Tag und endet mit dem *Vieversys*-(Lerche)Tag. A.J. Greimas ist der Ansicht, daß in der Vergangenheit *Užgavėnės* am Feiertag *Lygė* gefeiert wurde.

Lygė verkündet den wahren Frühlingsanfang. Ihm folgen *Verba, Velykos* und *Jorė* – eine Reihe von Festen mit ähnlichen Ehrungen, Traditionen und Liedern.

Perkūnas-Tag. Feier des ersten Donners im Jahr.

B. Buračas schrieb: „An den Tag, an dem das erste Donnergrollen im Frühjahr vernommen wird, werden die Menschen für den Rest des Jahres zurückdenken. Sie interpretieren seine Zeichen anhand ihrer Lebenserfahrung. Die Einwohner von Šiauliai prophezeien ein gutes Jahr, wenn das erste Gewitter an *Velykos*

Feuer zum Jorė Fest

Metopfer zu Jorė

stattfindet. Läßt Perkūnas den ganzen Frühling über nichts von sich hören, bedeutet das ein schlechtes Jahr, möglicherweise sogar eine Hungersnot. Perkūnas am *Pelenų-Tag* (vor *Velykos*) kündigt eine Seuche an. Hört man ihn jedoch an *Jurginės* (Sankt Georg) oder *Jorė*, wird es eine gute Ernte geben.

Wenn Perkūnas das erste Mal donnert, wird die gesamte Erde erschüttert und die Natur erwacht. Das Gras beginnt zu wachsen, ebenso das Getreide, die Bäume und alles Leben. Wenn man nach dem ersten Donner in einem Fluß oder einem Teich badet, dann bringt das Gesundheit und Stärke. Wasser zu trinken, das nicht von Perkūnas gesegnet wurde, könnte Krankheiten verursachen.

Wenn sich Mädchen wünschten, daß ihre Rauten üppig und schön heranwachsen, pflanzten sie sie direkt nach dem ersten Gewitter.

Bevor Perkūnas das Land nicht gesegnet hat, ist es verboten, barfuß zu laufen, sich auf die Erde niederzulegen oder auf Felsen zu sitzen.

Ebenfalls ist es verboten, die alten Gewächse niederzubrennen ehe der erste Donner zu hören war. Sonst würde Perkūnas desjenigen Haus verbrennen.“

Dies ist nur ein kleiner Teil der alten Aberglauben und Glauben, die aufgezeichnet wurden. Sie verdeutlichen, wie wichtig Perkūnas im Frühling ist – er ist jugendlich, kraftvoll und immer ein Bote der Wiedergeburt.

Alte Quellen erwähnen eine Reihe von Frühlingsgöttern, -göttinnen und -heiligen: *Pergrubris*, der geheiligte *Jurgis*, *Jorė*, *Patrimpas*. Tatsächlich aber sind Perkūnas und Žemyna unter verschiedenen Namen die Boten des Frühlings.

Lygė. Die Tage werden länger, und um den 20. März herum ist die Länge des Tages und der Nacht gleich. Das nennt man *Lygiadienis* (Equinox). Die Natur erblüht und gedeiht noch reicher. In alten Traditionen kann man Spuren eines rituellen Kampfes zweier elementarer Kräfte finden. Sie sind die *Dvyniai*, ein Zwillingspaar, und es kämpfen Vogel gegen *žaltys*, Feuer gegen Wasser, usw. M. Valančius beschrieb einen Wettkampf zwischen zwei Gruppen von heranwachsenden, jungen Männern. Die Wettkampfspiele der alten Pruzzen hatten einen ähnlichen Ursprung. Das Symbol von *Lygė* sind die Zwillinge, in Lettland die *Jumis* (Fruchtbarkeit).

Der erste Donner hatte eine wohltuende Wirkung auf die Umwelt. Zum Beispiel:

Wasser – wird durch den ersten Donner aufgefrischt. Wasser ist heilig; Ströme werden aufgesucht und die wichtigeren unter ihnen werden mit *verbos* dekoriert. Zu dieser Zeit ist das Wasser magisch. Man sollte sich damit waschen und darin baden. Auch ist es gut in einen See oder Fluß zu tauchen oder sogar im Schnee zu baden. Gäste sollten mit Wasser begrüßt werden: „Wir segnen dich mit guten Worten und besprengen weiße Hände mit reinem Wasser“. Während der Begrüßung wird etwas Wasser in die Handflächen gegeben und schnell mit einem Handtuch abgetrocknet. Es ist vergnüglich, im Wasser zu spielen und zu plantschen – es ist ja Frühling. Eine Schüssel mit Wasser wird im Hause aufgestellt, gleich neben dem neuen Feuer.

Feuer (*Ugnis*) zu *Velykos*. Das alte Feuer des Winters wird gelöscht und ein neues Frühlingsfeuer wird entfacht. Es wird von einem heiligen Altar (Perkūnas´ Feuer) nach Hause gebracht. Auch während des *Velykos* der *vėlės* brennen mehrere Feuer.

***Verba*.** Aus den Wäldern werden *verbos* heimgebracht. Äste der Korbweide und Weide werden mit einem roten Faden oder einem verzierten Band zusammengebunden. *Verba* ist der geheiligte Zweig, der die Kraft des Lebens und des Wachstums verleiht und vor Krankheiten schützt. Häuser werden mit *verbos* dekoriert.

Während *Velykos* werden *verbos* auf Gräber gelegt, wenn man Friedhöfe besucht. *Verba* wird zum Schutz, zur Verjüngung und zur Reinigung verwendet.

Selbst das Wasser eines Flusses kann verbessert werden, wenn man eine *verba* auf beide Seiten des Flusses steckt. *Verba* veranschaulicht den tiefen Glauben der Menschen an die Heiligkeit des grünen Zweiges. Wenn die *verba* zu Hause vertrocknet, entfernt man sie und läßt nur den Ast übrig. Die Dornen verstaut man dann in einer Tasche und verbrennt sie später als Ehrung für Perkūnas oder an jemandes Tod.

Während der *šventės* (Feste) versucht jedermann früh aufzustehen und die Schlafenden mit einer *verba* zu necken, wofür diese ein *margutis* zurückzahlen müssen. Was mit einer *verba* in Berührung kommt, erhält die Kraft des Lebens.

Margutis – ist ein Symbol für die Wiedergeburt der Natur und hat eine heilige Lebenskraft. Während der Zeremonien und Feste bis hin zu *Jorė* werden Eier bemalt. Die ersten *margučiai* sind rot – zu *Lygė*. Später werden sie mit bedeutsamen Verzierungen bemalt für Riten, Gaben, Spiele und Rollen. Tannenbäume werden zu *Velykos* mit *margučiai* geschmückt. Die alte Frau *Velykė* bringt früh am Morgen ein Ei für jedes Kind und legt es auf den Fenstersims.

Altertümliche Rituale. Die alten Autoren (M. Stryjkowski, J. Lasicki, S. Daukantas und andere) beschreiben, wie die Litauer die Frühlingsgötter verehrten, deren wichtigste Perkūnas und die Göttin Žemyna sind. Bis heute sind nicht

Ritual an Jorė

nur die Traditionen lebendig, sondern ebenso die Lieder und Tänze, die der Göttin *Deivė* (die Maid) und dem Gott *Viešpatis* (der liebe Vater) gewidmet sind. Die obengenannten Autoren fanden ein Gebet, wie dieses:

O Viešpatie...
Tu išvarai žiemą, parneši malonų pavasari,
Su Tavimi ima žaliuoti laukai, sodai, miškai.
Prašome padauginti pasėtus javus,
O visas rauges teikis sutrypti.

Oh Viešpatie...
Du verjagst den Winter, bringst freundlichen Frühling her,
Mit dir ergrünen die Felder, die Gärten und die Wälder.
Wir bitten dich, die Samen, die wir säten, zu vermehren
Und das Unkraut unter deinen Füßen zu zertrampeln.

Danach wird mit Bier und Kuchen, der aus verschiedenen Getreidesorten gebakken wurde, der Himmel gegrüßt und die Erde geehrt. Feuer, Wasser und Erde werden angebetet.

Die *margutis* werden unter allen Anwesenden verteilt. Ein Teil der Schalen wird verbrannt, der andere Teil vergraben.

Velykos ist ein beweglicher Feiertag und wird am ersten Vollmondsonntag nach der Frühlings-Equinox gefeiert. Die christliche Kirche verbindet *Velykos* mit dem Fest der Auferstehung Christi. Der Zeitraum von *Velykos* reicht von *Verbos Sonntag* (Palmsonntag) bis *Atvelykis*. Jeder Tag ist voll mit alten Traditionen und Glauben – *verbos, margučiai*, der Erneuerung von Feuer und Wasser.

Der Name *Velykos* entspricht in unserer Tradition dem Namen *vėlės*. In dieser Zeit des Jahres feierte man seit prähistorischen Zeiten ein Frühlings-*Vėlinės*, das *Vėlių Velykos* hieß. Es begann am Großen (oder Grünen) Donnerstag und dauerte an bis Sonntag. „An *Velykos* gehen sie auf die Friedhöfe und besuchen ihre Toten und legen Eier auf ihre Gräber". Nach dem Abendessen wird der Tisch nicht abgeräumt oder es wird zumindest etwas Essen für die Toten zurückgelassen. *Velykos* ist eine Zeit der Begegnung mit den *vėlės* der Nahestehenden und des

Abschieds von ihnen. Denn danach besuchen sie heilige Orte und Tempel und gehen den ganzen Sommer über fort. J. Basanavičius schrieb: "Nach dem Tode besucht ein Nahestehender seine Verwandten bis zum Grünen Donnerstag, danach sagt er ihnen Lebewohl."

Auch nach *Velykos* gibt es noch wichtige Tage. Laut P. Dundulienė nannte man den ersten Tag von *Velykos Ugnies* (vom Feuer), an diesem reisten *lalauninkai* (Sänger) durch die Städte. Der zweite Tag hieß *Perkūno*, der dritte *Gegužės* (Mai oder Kuckuck) und der vierte *Eistag*, an ihm durfte niemand die Erde stören.

Schwingen auf den Schaukeln beginnt schon zu *Užgavėnės*, dann zu *Velykos*, *Sekminės, Jorė* und *Rasa*.

***Lalavimas,* Musik** – Lieder der *lalavimas* werden gesungen. Flöten und Pfeifen aus Korbweide/Weide und Trommeln werden gespielt, um den Frühlingsanfang zu verkünden. Sie helfen Perkūnas, alle Geister und Gespenster zu verjagen und wegzuführen.

Rasa

Die litauische Sommersonnwende

Gegen Ende Juni, zur Zeit der Sommersonnwende, wenn die Nacht am kürzesten ist und die Natur überquillt mit Blüten und Wachstum, feiern wir den Feiertag *Šventė* Rasa. Dieser Tag ist auch bekannt als *Kupolių Šventė* oder unter seinem christianisierten Namen *Joninės*, Sankt Johannis.

Rasa unterscheidet sich von anderen *šventės*, denn hier enden die Riten nicht mit einem Gedenken an die Toten. Rasa bedeutet „Tau", der am Morgen der Sommersonnwende prophetische Fähigkeiten besitzt. Je größer die Menge des Taus an jenem Morgen, desto reicher wird die Ernte des nächsten Jahres werden.

Vor der Morgendämmerung besitzt der Tau starke Heilkräfte. Wenn man sein Gesicht mit diesem Tau wäscht – besonders, wenn er von Roggenschößlingen kommt – wird die Haut klar und rein. In der Region um Švenčionys stehen die jungen Frauen sehr früh auf, waschen sich mit dem Tau und schlafen dann noch einmal, um von ihren künftigen Ehemännern zu träumen. Nachts sammelt man den Tau in Tüchern, die dann später in Heilungsriten verwendet werden. Sich im Tau zu baden und zu wälzen verlieh Jugend. Wenn man die Riten sorgsam vollzog, so wie sie seit Alters her ausgeübt wurden, würde man weise und hellsichtig werden, man wäre in der Lage, das böse Volk, die Zauberinnen und die Hexen, zu sehen.

Es gibt kein fröhlicheres *šventė* als Rasa. Am Morgen des Festes tanzt selbst die Sonne am Himmel.

Kräuter und Gräser (*žolynai*). Zu dieser Zeit besitzen die Kräuter ihr größtes Potential und ihre größte Wirksamkeit. Am Vorabend von Rasa sind die jungen Frauen mit dem heiligen Kräutersammeln (*Kupoliauti*) beschäftigt. Daher stammt auch der andere Name für diesen Festtag: *Kupolinės*. Die besonderen Kräuter für diesen Tag sind: Gänseblümchen, Johanniskraut, Heidelbeere und jedwedes gelb blühende *Kraut (Melampyrum nemorosum*).

***Kupolė*.** Dies ist der Name für einen verästelten Pfahl, der in der Mitte des Ritualplatzes aufgestellt wird. An der Spitze des Pfahls ist eine dreifache Verästelung (dies zeigt auch die Rune, die diesem Festtag zugeordnet ist). Im östlichen Litauen sagt man, dies sei ein übernatürliches Gewächs mit drei Ästen – einer, der wie die Sonne blüht, der zweite wie der Mond und der dritte wie ein Stern. Junge Frauen, die gerne heiraten möchten, spielen ein Wahrsagespiel: sie stellen sich mit dem Rücken zum *Kupolė*, werfen einen Kranz über ihren Kopf und hoffen, daß er auf dem *Kupolė* landet. Soviele Versuche, wie nötig sind, soviele Jahre wird es noch bis zur Hochzeit dauern. (Dies erinnert an die noch heute gebräuchliche Sitte, daß die Braut den Brautstrauß hinter sich wirft.)

Die pruzzischen Balten verzieren einen langen Pfahl mit Blumen, Grün und wehenden Bändern. Dieser *Kupolė* steht dann am Rande der Felder, in der Nähe des Roggens. Ist der Pfahl mit Nesseln und Farn dekoriert, dann wirkt er wie eine abstoßende Hexe.

Eine Ansprache an den *Kupolė*:

Oi, Kupolė, Kupolėli,	*Oh, Kupolė, lieber Kupolė,*
Kur tu žiemą žiemavojai,	*Wo warst du nur im Winter,*
Kur tu vasarą būni?	*und wo weilst du im Sommer?*

Žolėse kvepiančiose,	*Bist du im duftenden Grün versteckt,*
ar po gėle?	*oder unter einer Blume?*
Žemavojau pūkynuose,	*Im Winter bedecken mich Daunen,*
Vasarą žaidžiu žolynuos.	*Im Sommer spiel' ich im Gras.*

Kränze (*Vainikai*). Rasa ist ein Fest des Kränze-Windens. Die Mädchen winden rituelle Kränze aus heiligen Kräutern und setzen sie auf ihre Köpfe. Die Kränze zieren die Häuser, Türen und Tore. Die Männer schmücken sich mit Kränzen aus Eichenlaub. In der Nacht gehen alle zu den heiligen Flüssen und Seen und werfen ihre Kränze hinein. An den Kränzen sind Kerzen befestigt, und wenn die Kränze eines Mannes und einer Frau zusammentreiben, bedeutet das, daß diese beiden heiraten werden.

Tore (*Vartai*). Die Tore bestehen aus Pfählen und ihr oberer Querbalken ist mit Grün bedeckt. Jeder, der durch dieses Tor hereinkommt, nimmt an den Rasa-Riten teil. Den einen Pfahl des Tores umkreisen die Mädchen, den anderen die

Die Rasa Teilnehmer tanzen durch die Tore

jungen Männer. Wenn sie aneinander vorbeigehen, verbeugen sie sich und begrüßen einander. Sie umkreisen das Tor während sie ein *daina* singen. Man bemüht sich, den Sonnenwend-Partner seiner Wahl zu „grüßen". Während dieses Begrüßungsritus singt man „*Tu žilvitėli*".

Feuer (*Ugnis*) zu *Rasos*. In unserem Brauchtum wird das „alte Feuer" mit klarem Wasser gelöscht und ein neues heiliges Feuer wird entzündet. Man richtet sich an das heilige *aukuras* (das rituelle Feuer). Wir „verabschieden" uns von der untergehenden Sonne und ehren die Natur, indem wir die Kränze, die *kupolės*, niederlegen. Die Frischvermählten tragen das neu entzündete Feuer in ihr Heim, denn das Feuer ist geheiligt und segnet ihre Häuser. Die Sonnenräder (brennende Räder) werden losgelassen und rollen die Hügel hinab.

Farn (*Papartis*). Ein weitverbreiteter Brauch stellt eine unlösbare Aufgabe – die Suche nach einem blühenden, magischen Farn. Er muß um Mitternacht in absolutem Schweigen und mit entsprechenden Riten gefunden werden. Der blühende Farn stellt das Feuer des mächtigen Donnerers Perkūnas dar.

Man geht auf die Roggenfelder, singt Lieder und segnet sie, um eine reiche Ernte zu erzielen. Roggen ist das Hauptgetreide der Balten. Aus Roggenhalmen und Ähren fertigt man Puppen, die später verbrannt oder ertränkt werden, während die entsprechenden *dainos* gesungen werden. Auf diese Weise wird das Alte wiedergeboren.

Schaukeln. Schaukeln werden errichtet und man schaukelt zu entsprechenden „Schaukel"-Liedern. Man feiert „zwischen Himmel und Erde". Man springt über das Ritual-Feuer und tanzt die Rundtänze.

Die Begrüßung der Sonne. Die ganze Nacht wurde gefeiert und getanzt. Nun ist es Zeit, sich der aufgehenden Sonne zuzuwenden und sich an ihrem Tanz zu erfreuen.

Rasa heute. Die alten Quellen berichten, daß die alten Riten von der katholischen Kirche verboten worden waren. Es wurde aber trotzdem gefeiert. Ursprünglich feierte man das *šventė* 14 Tage lang. Es war Brauch, Rasa von der Junimitte bis zum Juniende zu feiern.

Rasa wurde nicht ausschließlich in Gruppen gefeiert. Einzelne Personen gingen auch hinaus, um die Natur zu verehren. J. Petrulis schrieb, daß ein bestimmter Bauer immer für zwei Wochen verschwand. Bei seiner Rückkehr sagte er dann: „Es hilft nichts, ich muß mir die Zeit nehmen, die Sonne zu ehren."

Eine Zusammenstellung von Rasa-Riten, wie sie in Kernavė (Litauen) stattfinden:

17:00 Uhr	Umkreisen der Tore während man singt: „*Tu žilvitėli*“ und „*Kupolė, rožė, ratilio*“.
18:00 Uhr	*Kupoliavimas* (Kräutersammeln) und Singen: „*Kupolėle, kas tave skynė*“, „*Lioj, žalia rūta*“, „*Sėjau kupole*“.
19:00 Uhr	Ansprache an Kupolė. Spiel und *dainos*: „*Bitela Ryto*“, „*Šokinėjo Žvirblelis*“ und „*Saduto tuto*“. Wahrsagungen und das Spiel des Kränzewerfens. Kreistänze und *dainos*: „*Aš pasėjau kanapėle*“ und „*Graži mūsų šeimynėlė*“.
20:00 Uhr	Festmahl. *Dainos*: „*Apynėlis augo*“ und „*Išvedžiau ožį*“ (Ich führe die Ziege hinaus). Spiele.
21:00 Uhr	Hinwendung zur untergehenden Sonne. *Dainos*: „*Saulala sadina lylia*“ und „*Eina Saulelė aplinkui dangų*“
22:00 Uhr	Entfachen des heiligen Feuers und Opfergaben. *Daina*: „*Stovė oželis*“ (Das Ziegenlied). Traditionelle Instrumente werden gespielt: Flöten, Panflöten und *kanklės*.
23:00 Uhr	Segnung der Felder und Bäume. *Dainos*: „*Oi, ta ta, kupolė graži*“, „*Žibinkštėlė tekėjo“, „Kupol, rožė, ratilio*“ und „*Eisim, broliai, tūto*“.
24:00 Uhr	Freudenfeuer. Verbrennen der *Morė* (Strohpuppe) und der Pfähle. *Dainos*: „*To to, prieš kuipolinės*“ und „*Ant tėvulio dvaro*“ Kreistänze um das Freudenfeuer – „*Impolė, rūta, čiūto*“, „*Žalias žalias žolynėlis čia po mūsų kojom*“.
1:00 Uhr	Baden der Sonne (das flammende Boot) . *Daina*: „*Eina Saulelė aplinkui dangų*“.
2:00 Uhr	Kränzewerfen. Hinwendung zum Mond, Begrüßung der „ Sterne. *Dainos*: „*Lėk, sakale, mariose*“, „*Bėg, upele,* „ *vingurdama*“.
4:00 Uhr	Begrüßung der Morgendämmerung. *Dainos*: „*Užteka, teka* „*šviesi šaulelė*“. Baden im Tau. „*Kupol rožė, ratilio, Rasito, rasito*“.

Dies ist lediglich eine Zusammenstellung einiger Festriten und sicherlich nicht die einzige Art, dieses Fest zu begehen. Es gibt viele Variationen und regionale Unterschiede innerhalb der Riten.

Rasa ist auch als die Nacht der *raganos* (der Hexen) bekannt; eine Nacht, in der sie besonders aktiv sind. Viele der Zaubersprüche und Verwünschungen, die man an Rasa ausspricht, dienen dazu, sie zu verjagen und ungeschehen zu machen, was sie angestellt haben. Das Wort *ragana* (Hexe) hat in diesem Fall jedoch unbedingt eine andere Bedeutung als der neo-heidnische Terminus.

Rasa in Kernavė 2000

Die erste Strophe einer Ansprache an die untergehende *Saulė* (Sonne):

Miela Saulyte, Dievo dukryte,	*Geliebte Sonne, Gottes Tochter,*
Kur visą dieną buvai?	*Wo warst du nur den ganzen Tag?*
Po jūras kalnelius	*Bei den Bergen und Meeren*
šildžiau savo vaikelius	*meine Kinder zu wärmen,*
Daug mano dovanėlių	*meine zahllosen Gaben,*
Oi, kupoliau, kupolėli	*Oi, kupoliau, kupolėli.*

J. Trinkūnas. Rasa. In *Sacred Serpent* 1994, No. 2.

Rasa 1979

Vėlinės

Andenken und Beisammensein mit den vėlės der Ahnen

Nach der Tag-und-Nacht-Gleiche im Herbst beginnt die Zeit der *vėlės*, und sie dauert an bis Ende Oktober oder Anfang November. Vėlinės oder *Ilgės* sind die wichtigsten Feiertage, um der verstorbenen Ahnen zu gedenken und sie zu ehren. Während dieser Zeit erinnert man sich nicht nur an die (chronologisch) nächste Familie, sondern auch an die entfernteren Ahnen. Diesen großen Ahnen erweisen wir unseren Dank für alles, was wir heute besitzen.

„Laut der christlichen Lehre sind die Lebenden und die Toten voneinander getrennt und können nicht miteinander in Verbindung treten. Der litauische Volksglaube sah das etwas anders. Während der Zeit des Kūčios (Heiligabend) und Vėlinės versammelten sich die Toten und feierten und speisten zusammen mit den Lebenden“ (E. Šimkūnaitė).

Die toten Ahnen bilden die Verbindung zwischen lebendigen menschlichen Wesen und den natürlichen Zyklen der Wiedergeburt durch den Tod. Die Toten gehen in eine andere Welt über – diese ist nicht sehr weit weg, sondern relativ nah. Die Toten kehren oft zurück und verschmelzen mit den Kräften und Formen der Natur. Alle Kalenderfeiertage bis auf Rasos beinhalten die Ehrung der Verstorbenen durch Opfergaben, Gebete und gemeinschaftliche Festmahle.

Feuer (*Ugnis*) zu Vėlinės. Die Feuerstelle verbindet die Familie und die Gemeinde und symbolisiert den ewigen Weitergang des Lebens. Sie verbindet die Toten und die Götter mit ihren Nachkommen. Man glaubte, daß neben der Feuerstelle viele *vėlės* lebten, und so verband eines Hauses Feuerstelle alle Familienmitglieder – die lebenden und die toten.

Zu dieser Zeit wurden die Gräber besucht, geschmückt und geehrt – besonders die alten Hügelgräber oder *piliakalniai*.

J. Duglosz schrieb im 15. Jahrhundert, daß dieses Herbstfest in bewaldeten Hainen stattfand. Nachdem die Ernte eingeholt worden war, brachten die Menschen Speise und Trank mit dorthin und feierten tagelang. Jedermann hatte sein eigenes Feuer, um den Göttern und Ahnen Opfergaben darzubringen.

Im 15. Jahrhundert beschrieb M. Stryjkowski auch Feste im Hause: „Ende Oktober kamen Kinder und Erwachsene in einem Haus zusammen. Sie legten Stroh auf einen Tisch und bedeckten es mit einem weißen Tischtuch, dann legten sie einige Laibe Brot darauf und stellten einen Krug Bier dazu. Später kamen noch andere Speisen hinzu, Gebete wurden gesprochen und Opfergaben wurden dargebracht.“

Ein wenig Getreide und Bier wurde dem Herdfeuer geopfert und in den Ekken des Hauses (dem beliebtesten Wohnort von Ahnenseelen) verstreut. Währenddessen wurden rituelle Gebete gesprochen.

Vėlinės zu Hause feiern. Nachdem man die Gräber aufgesucht hatte, wurde ein Familienmahl gehalten. Vor dem Essen hielt der Familienälteste einen *kaušas* hoch (ein Opferkelch, der speziell für diesen Anlaß vorgesehen war – noch älter war der *kaukolė*, ein Schädelkelch), der mit verschiedenem Getreide, Mehl und Salz gefüllt war. Der Inhalt wurde ins Herdfeuer geschüttet mit den Worten: „Für all unsere lieben Freunde“. Danach wurde ein Trinkhorn um den Tisch gereicht und entsprechende Trinksprüche wurden aufgesagt, dann begann die Mahlzeit.

Nach dem Fest sang man *dainos* zu Vėlinės zusammen mit Ernte- und Kriegsliedern. Wenn jemand besonders geehrt werden sollte, ließ man einen Platz am Tisch für ihn frei, der vollständig mit Becher, Teller und Handtuch gedeckt war. Bissen von jedem Gedeck wurden symbolisch auf

Brot, Bier und Feuer

seinen Teller gelegt. Während des Vėlinės-Mahles brennen Kerzen oder kleine Fackeln.

Im Kerzenlicht versammelten sich schweigend alle Familienmitglieder und die älteste Person betete: „Schatten der Toten, denen wir gedenken in diesem Haus, verehrte Ahnen, Großvater, Großmutter, Vater und Mutter (die Toten werden genannt), denen man ewiglich gedenken soll, und alle unsere Verwandten und Kinder, die uns der Tod entriß – wir laden euch ein zu diesem Jahresfest. Möge es euch erfreuen, wie auch uns die Erinnerung an euch erfreut."

Ein kleiner Tisch für die Toten (*Vėlių stalelis*). Diese Tische werden auf Gräbern oder in Hainen aufgestellt. Kerzen und Speiseopfer werden darauf bereitgestellt.

Es gibt viele Arten, wie Vėlinės gefeiert wird. Man muß sich also nicht den Kopf zerbrechen über die „korrekte" Methode.

Es ist ein menschliches Bedürfnis, sich denen zu erinnern, die vor uns gegangen sind, und die Ahnen zu ehren, die so eng mit unserer Identität verbunden sind, sowohl persönlich, wie auch als ethnische Gruppe.

V. Vytė und J. Trinkūnas. Vėlinės. *Sacred Serpent*, 1994, No. 3.

Kūčios und Kalėdos

Die Wintersonnwende

Kūčios und Kalėdos kennzeichnen das Jahresende, wo die Welt sich in Finsternis und Nicht-Existenz zurückzieht. Doch so wie der Tod die Geburt bedingt, so kündigen die beiden Feiertage auch die Wiedergeburt der Natur und die Rückkehr der Sonne an. Die Litauer verbinden diese zwei aufeinanderfolgenden Tage, die heute am 24. und 25. Dezember gefeiert werden, mit einer Reihe ritueller Bräuche.

Die Erwachsenen beginnen ihre Vorbereitung damit, daß sie einen Kirschzweig ins Wasser stellen an dem Tag, an dem die Bären ihren Winterschlaf beginnen, welches der Folklore zufolge der erste Wintertag ist. Rechtzeitig zum Feiertag hat der Zweig dann Wurzeln getrieben. Die Kinder spielen Spiele, die das Anpflanzen des Getreides versinnbildlichen. In einem dieser Spiele streuen die Mädchen Hanfsamen (eine Nachahmung der Aussaat), was Träume von den künftigen Ehemännern hervorrufen soll.

In den indo-europäischen Kulturen wird das neue Jahr traditionsgemäß durch Rituale und Geschichten begrüßt, welche die Schöpfung der Welt nachinszenieren und nacherzählen sollen. So erzählt in Litauen ein alter Bettler mit dem Namen *Senelis Elgata* alles nach, was seit der Entstehung der Welt geschehen ist.

Kūčios. Das ernste Kūčios-Fest stellt eine Fortführung der *Vėlinės*-Feierlichkeiten dar und verbindet die Lebenden mit den Toten, sowie auch mit allen anderen Lebensformen: Tiere und Menschen.

Das Haus muß ganz besonders vorbereitet werden. Die Familie errichtet einen ikonischen „Hain“: Vögel aus Holz, Stroh oder Eierschalen, die eine Strohsonne umgeben. Durch diesen Hain und auch durch eine Vielzahl brennender Kerzen werden die Seelen der Toten (*vėlė*) angerufen. Diese sitzen an einem kleinen Tisch, der mit Brot, Salz und *Kūčia* gedeckt ist. Das *Kūčia* enthält viele verschiedene Samenkörner: gekochter Weizen, Gerste, Erbsen, Bohnen, Roggen, Mohnsamen und Hanfsamen, usw., die mit Nüssen und Honigwasser vermischt

Festtafel

wurden. Das *Kūčia* nährt sowohl die Seelen der Ahnen, wie auch die Lebenden. Diese sitzen an einem anderen Tisch, der mit Heu und einem Tischtuch bedeckt ist. In alter Zeit war auch der Boden mit Heu bedeckt. Symbole der Lebenskräfte, die das menschliche Leben erhalten, zieren den Haupttisch. Darunter ist auch ein Bündel ungedroschenen Roggens, den die Familie am nächsten Tag um ihre Apfelbäume band.

Kūčios ist ein ausschließlich nächtliches Fest und beginnt mit dem Erscheinen des Abendsterns am Himmel. Ehe man sich am Ritualtisch versammelt, muß jeder in einer Sauna baden, sich mit seinen Nachbarn versöhnen und seinen Feinden vergeben. In den alten Tagen umrundete das Familienoberhaupt dreimal das Gehöft und trug dabei hohe, schwarze Stiefel, eine große, schwarze *juosta* (eine Schärpe, die als Gürtel getragen wurde) und einen auffälligen, schwarzen Hut. Er näherte sich der Haustür erst, nachdem alle anderen bereits eingetreten waren. Auf die Frage: „Wer ist da?“ antwortete er: „Euer lieber Gott (*Dievulis*) mit der *Kūčia* bittet um Einlaß“.

Ist die Familie dann versammelt, spricht das älteste Mitglied (Mann oder Frau) eine traditionelle Anrufung und bricht das *Kūčia*-Brot, das dann ein jeder dem anderen reicht. Der Historiker Praetorius schrieb im 16. Jahrhundert, daß jedes manderen reicht. Der Historiker Praetorius schrieb im 16. Jahrhundert, daß jedes Familienmitglied einen Brotlaib auf den Boden legte und betete: „Žemėpatis (Gott der Heimstätte), wir danken dir für das gute Brot, das du uns gegeben hast. Hilf uns, unsere Felder zu bearbeiten und segne sie, und hilf, daß Žemynėlė (die Mutter Erde, Schwester des *Žemėpatis*) uns weiterhin ihre guten Gaben schenkt.“ Dann hob jeder das Brot zum Himmel und schloß: „Ernähre uns!“.

Nach dem Austauschen des *Kūčia*-Brotes trinkt jeder einen Schluck Bier und vergießt einige Tropfen auf den Boden für die *vėlės*, die Seelen der Toten. Dann beginnt das Abendmahl.

Traditionell wurden zu Kūčios 13 verschiedene Speisen gereicht, den 13 Monden des Jahres entsprechend. Unter dem Einfluß des Sonnenkalenders änderte sich die Zahl auf 12. Die Speisen dürfen weder Fleisch noch Milch enthalten. Das Mahl besteht aus *Kūčia* (gemischte Getreidespeise, wie oben beschrieben), *kisielus* (eine Art Preiselbeergelee), heiße Rübensuppe, Pilzklöße, Kohl, Fisch und Meeresfrüchte. Zum Nachtisch gehören *sližikai* (süße Mohnkuchen), Mohnsamen-Milch, Äpfel, Nüsse und andere Süßigkeiten, um die Wünsche für ein süßes Neues Jahr zu beschwören.

Tiere nehmen auch an den Feierlichkeiten teil, indem sie dieselben Speisen essen, wie die Menschen auch. Als Menschen und Tiere noch unter einem Dach hausten, wurden die Haus- und Hoftiere immer vom Tisch gefüttert. Auf den Bauernhöfen füttern die Familien ihre Tiere noch immer mit den Resten vom Kūčios. Auch teilen die Familien ihre Speisen mit Bienen und Obstbäumen.

Nach dem Essen blieben alle am Tisch sitzen und die Kinder und Jugendlichen zogen Strohhalme aus dem Heu unter dem Tischtuch. Ein langer Strohhalm bedeutete ein langes und glückliches Leben. Auch die Erwachsenen sagten einander auf vielerlei Arten die Zukunft voraus.

Nach dem Essen tauschten die Teilnehmer Wünsche füreinander aus, indem sie Samenkörner ins Herdfeuer warfen. Der Herd wird zur heiligen Feuerstelle des Hauses – jedes einzelne Samenkorn, das dort hinein geworfen wurde, wird wachsen und gedeihen. Auch wird rituell ein Birkenkranz, ein Birkenstumpf oder -block ins Herdfeuer geworfen, der das alte Jahr repräsentiert. Die Teilnehmer können das Böse auch abwenden, indem sie Holzsplittern eine Bedeutung geben und diese dann verbrennen.

Kalėdos. Die fröhlichen Rituale zu Kalėdos feiern die Wiedergeburt der Sonne, die man *Saulė Motulė* (Mutter Sonne) nennt. In der Folklore stellt Kalėdos symbolisch die heimkehrende Sonne dar, die eine Perlenkrone trägt:

Schau, die heilige Kalėda kehrt heim,
die große Kalėda.
Denn es ist der Tag der Kalėda.

Eiserne Räder, seidene Peitschen –
die große Kalėda ist's .
Denn es ist der Tag der Kalėda.

Neun gehörnte Rentiere sind ebenfalls ein Symbol für die Sonne, sie sollen die Einigkeit der drei Welten verkörpern.

Die Menschen tragen Bilder der Sonne durch die Felder und die Städte und wünschen jedermann Wohlstand. Grüße und Wünsche, die während Kalėdos ausgesprochen werden, besitzen eine Kraft, die ihre sichere Erfüllung garantiert.

Verwandelte Wesen, so wie der alte Mann von Kalėda (der Weihnachtsmann), oder als Tiere verkleidete Menschen – besonders Ziegen, Kraniche, Bullen, Rösser und Bären – zogen umher. Ein *Juodas Kudlotas*, der die Kraft des Erntewohlstandes und -reichtums repräsentierte, begleitete diese Wandenen. Die Menschen, die an Kaledos umherziehen (genannt *Kalėdotojai*), singen *Kalėda*-Lieder für jede Person, der sie begegnen, und in jedem Haus, das sie besuchen: „Wir gehen herum und singen Kalėda – Kalėda".

Das traditionelle Mahl enthält Schwein und anderes Fleisch, Kuchen und Vogelbeerensäfte. Im Laufe des Tages schleppt eine besondere Gruppe umherziehender *Kalėdotojai* (bekannt als *Blukininkai*) einen Block (den *Blukis*) von Haus zu Haus durch die ganze Stadt. Der *Blukis* symbolisiert das alte Jahr. Auf ihrem Weg singen die *Blunininkai*, sie tanzen, machen Musik und Zauberkunststücke. Am Abend versammeln sie sich und verbrennen den Block. In Lettland fand diese Tradition am Kūčios-Abend statt, den die Letten *Bluka vakars* nennen.

Dem namhaften Gelehrten der litauischen Mythologie A. J. Greimas zufolge, haben das litauische Kūčios und Kalėdos nicht das geringste mit dem Christentum gemein, welches alle Aspekte der traditionellen, litauischen Feierlichkeiten unterwarf oder zerstörte. Beide Feste (Kūčios und Kalėdos) feiern mit all ihren Aspekten die Solidarität, die nicht nur die nächste oder die ausgedehnte Familie betrifft, sondern die gesamte Gemeinschaft der Lebenden und der Toten und des Lebens selbst.

Jonas Trinkūnas

Das lebendige Erbe

In aller Welt gehen die alten Traditionen und archaischen Kulturformen verloren, die das Leben der Menschen über Jahrhunderte und Jahrtausende hinweg begleitet haben. Doch inzwischen wird es immer deutlicher, daß mit diesem Schwinden wichtige Werte, die die Völker auszeichnen, verloren gehen und die Menschheit um ein reiches Erbe beraubt wird. Die Soziologen waren unter den ersten, die dessen gewahr wurden und begannen, das untergehende Erbe zu sammeln und zu bewahren. Zu eben dieser Zeit konnte auch das Nationale Bewußtsein in vielen europäischen Ländern wieder erwachen. Die Artikel, die wir in diesem Teil des Buches zusammengestellt haben, berichten darüber, wie der traditionelle, baltische Glaube in Litauen und Lettland bewahrt und wiederbelebt wurde.

Die Erstarkung des Nationalen Bewußtseins in den baltischen Ländern begann im 19. Jahrhundert. Sie wurde hervorgerufen durch eine Wiederbelebung der einheimischen Sprachen. Entscheidende Aspekte des nationalen Wiederauflebens waren das Sammeln von Folklore, die Verbreitung traditioneller Lieder und das neu erweckte Interesse an anderen Formen der Volkskunst. Für die Letten und Litauer sind Lieder ein wesentlicher Bestandteil ihrer Kultur. Aus diesem Grund wurde auch die jüngste Wiederherstellung der Unabhängigkeit oftmals „Die singende Revolution" genannt, denn die politischen Treffen und öffentlichen Versammlungen wurden für gewöhnlich vom gemeinsamen Singen der traditionellen Lieder begleitet.

Ein solcher Schwerpunkt auf der Folklore und den traditionellen Bräuchen ist zwar auch für andere Völker bezeichnend, jedoch für die Balten von ganz besondenen Wichtigkeit. Für die Litauer liegt die denkwürdigste Zeitspanne ihrer Geschichte die im 13. und 14. Jahrhundert, als Litauen das einzige heidnische Land Europas war. Die meisten ihrer Lieblingsherrscher stammen ebenfalls aus dieser Zeit, und sie waren Heiden. Nach der verspäteten Christianisierung setzte eine Zeit des allmählichen Verfalls ein. Als Folge dieses Verfalls wurde die traditionelle, heidnische Religion in den Köpfen einiger Litauer zu einem wesentlichen Bestandteil ihres Nationalen Bewußtseins. Wenn man bedenkt, daß die Katholische Kirche im Laufe der Jahrhunderte eine starke Präsenz bewahrt hatte, ist eine solche Haltung einiger Litauer durchaus bemerkenswert.

Die Idealisierung der alten Religion ist bereits in den ersten Werken der Begründer des Nationalen Erwachens zu erkennen. Ein Beispiel hierfür ist die Historie, die Simonas Daukantas (1793-1864) im Jahre 1845 schrieb: *Būdas senovės lietuvių, kalnėnų ir žemaičių*. Der litauische Dichter Andrius Vištelis (1837-1912) glaubte daran, daß die Götter zurückkehren und die Rechte der Litauer schützen könnten. Er schrieb heidnische Gedichte und Gebete und errichtete einen „Romuva“-Schrein. Einige Aktivisten propagierten während der Zeit des Unabhängigkeitskampfes die traditionelle, litauische Religion. So unterstützte zum Beispiel Herzog Jonas Beržanskis (1862-1936) glühend heiß die litauische Religion; Vydūnas-Vilius Storosta (1868-1953) organisierte das öffentliche Feiern der traditionellen, heidnischen Feiertage. Auch schrieb Vydūnas ein Reihe von sehr wichtigen und einflußreichen, philosophischen und literarischen Werken über die alte litauische Religion. Visuomis-Domas Šidlauskas (1878-1944) warb für eine reformierte Version der traditionellen Religion und nannte diese „Visuomybė“ (Universalismus). Er gründete Gemeinden innerhalb und außerhalb Litauens und errichtete 1929 das Heiligtum „Romuva“ in Nordwest-Litauen. 1930 wurde eine Brüderschaft („Romuva“) und eine Schwesternschaft („Vestalinnen der Romuva“) gegründet, um die baltische Vereinigung, basierend auf der baltischen Religion, zu begünstigen. Während der sowjetischen Besetzung wurde die „Romuva“-Bewegung in Litauen aufgelöst und streng verfolgt. Viele der aktiven Mitglieder wurden hingerichtet oder nach Sibirien deportiert.

Das Heiligtum Romuva in der Nähe von Moletai

Eine geheime Romuva-Gemeinde wurde im Inta-Arbeitslager (Rußland) wieder gefunden. Auf ihrer Rückkehr nach Litauen um 1960 wurden einige ihrer Mitglieder wegen ihrer Aktivitäten gefangengenommen und einer Gerichtsverhandlung unterzogen. In Litauen selbst organisierte Jonas Trinkūnas (geb. 1939) die „Ethnologische Ramuva Vilnius“ und regte 1967 das öffentliche Feiern litauischer, religiöser Feiertage an. Der Name Ramuva – eine Variante von Romuva – war ein Versuch, die wahre Identität der Gruppe zu verschleiern. Dies gelang jedoch nur kurze Zeit, und drei Jahre später schlossen sowjetische Autoritäten die Mitglieder der Bewegung aus der Universität Vilnius aus und schickten ihre Anführer ins Exil. Die Ramuva wurde 1988 während der Zeit der „perestroika“ schließlich wiederbelebt und ist seitdem wieder aktiv.

Von 1991-1992 bildeten sich Romuva-Gemeinden in Vilnius, Kaunas, Chicago, Boston und Toronto. Außerhalb Litauens förderte Vincas Vycinas (1918-1996) die litauische Religion durch sein philosophisches Werk und organisierte für kurze Zeit eine Romuva-Kommune. Marija Gimbutas (Alseikaitė-Gimbutienė; 1921-1994) dokumentierte die mythologische Geschichte der litauischen Religion durch eine Reihe sehr beliebter Bücher und Artikel.

1995 wurde „Das Gesetz für religiöse Gemeinschaften und Vereinigungen“, demzufolge Romuva eine „nicht-traditionelle“ Religion ist, in Litauen aufgehoben. Dem Gesetz nach mußte eine „nicht-traditionelle“ Religion 25 Jahre lang bestehen, ehe sie die staatliche Förderung erhielt, die den „traditionellen“ Religionen vorbehalten war (zum Beispiel der Katholischen Kirche, der Orthodoxen Kirche, etc.).

In Lettland werden die heidnischen Traditionen von der heidnischen, religiösen Vereinigung mit dem Namen *Dievturi* erhalten und gefördert. *Dievturi* bedeutet so viel wie „die sich an Gott halten“. Die Bewegung der *Dievturi* entstand in den Zwanzigern; ihr Begründer war Ernest Brastinš (1892-1941). Brastinš begründete seinen Versuch, das Heidentum wiederzubeleben, auf den Lettischen *dainas*. Die *dainas* sind ausgesprochen alte Volkslieder aus Lettland, die durchtränkt sind von heidnischer Religiosität und Symbolen, die detailliert die heidnischen Glauben und Bräuche beschreiben.

Nach der Besetzung der baltischen Länder durch die Sowjetunion wurde die *Dievturi*-Bewegung aufgelöst und verfolgt. Ernest Brastinš wurde in den Vierzigern in Astrakhan hingerichtet; einige der *Dievturi*-Mitglieder wurden ins Exil geschickt. Diejenigen, die in den USA ansässig waren, ließen ihre Konfession registrieren und fuhren mit ihren Aktivitäten fort. Einer von ihnen ist Janis Tupesis, Professor an der Wisconsin University. Er kehrte nach Lettland zurück und wurde dort ins Parlament gewählt als Repräsentant der Bauernpartei, später wurde er lettischer Ombudsmann. Sein Beitrag zu diesem Buch bietet einen umfassenden Überblick über die *Dievturi*-Bewegung. Von besonderem Interesse ist ein ergänzender Beitrag aus der Feder von Dr. Vaira Vike-Freiberga, einer weiteren emigrierten Akademikerin aus Kanada, die in der lettischen Politik aktiv wurde. In ihrer gleichzeitig wissenschaftlichen wie poetischen Studie zeigt Dr. Vike-Freiberga, daß die erstaunlich umfassende Sammlung lettischer *dainas* eine einzigartige und nahezu unerschöpfliche Quelle darstellt, die einen Zugang schafft, der direkt zur Seele der alten Balten führt. Wie sie uns darlegt, eröffnen uns die *dainas* Einblicke in die Mythologie und die soziale Ordnung. Dadurch wird die Rekonstruktion einer Metaphysik möglich, in der das höchste Ziel der Menschen ein Leben ist, das in Harmonie mit dem Willen der Götter und den Rhythmen der Natur geführt wird. Die *dainas* bilden die am intensivsten genutzte Quelle, um einen Glaubensrahmen zu rekonstruieren, der für die *Dievturi*-Bewegung bezeichnend ist.

Von Anfang an war die *Dievturi*-Bewegung aufs Engste verbunden mit dem Bemühen um die lettische Unabhängigkeit. Während der sowjetischen Besetzung wurde dieser Umstand besonders betont. Einer der Aktivisten dieser Bewegung war Olgerd Auns, der lange Jahre die Aktivitäten der *Dievturi* koordinierte. Er war Dozent in einer geheimen Schule für lettische Geschichte und gehörte zu den Begründern der Folklore-Festivals, die sich während der „perestroika" zu gewaltigen Kundgebungen nationaler Gefühle entwickelten.

Ein internationaler Beobachter (Piotr Wiench) charakterisierte die heidnischen Organisationen der Balten wie folgt:

„Unter den vielen heidnischen Gruppierungen im mittleren Osteuropa scheinen die Heiden der baltischen Länder – Litauen und Lettland – am aktivsten und am besten organisiert zu sein. Die Mehrheit der Heiden in dieser Region sind politisch nicht aktiv. Was ihre politischen Ansichten betrifft, so sind sie entweder gemäßigt rechts, neutral oder, besonders die ökologisch Orientierten, gemäßigt links. Keine der oben genannten Organisationen könnte man als extremistisch bezeichnen. Sie versuchen lediglich, auf der Basis der Tradition eine neue Reaktion auf die derzeitigen Herausforderungen zu geben."

Die folgenden Texte bieten einen flüchtigen Einblick in die verschiedensten Aktivitäten der baltischen Heiden. Einige davon sind Darstellungen, die an ein öffentliches Publikum gerichtet sind; andere Texte wurden für Mitglieder geschrieben und sind in internen Veröffentlichungen erschienen. Darunter befinden sich auch Versuche, die Ideologie und die Zielsetzung der Bewegungen darzulegen. Einer davon ist die Erklärung, die nach dem ersten „Weltkongreß Ethnischer Religionen" in Vilnius (1998) abgegeben wurde. Sie bindet die baltische Heidenbewegung an die Weltgemeinschaft traditioneller Religionen.

Romuva, die baltische Religion Litauens

Audrius Dundzila, Jonas Trinkūnas

Eine Pappel stand am Wegesrand,
Von deren Wurzeln die kanklės sangen,
In ihrer Mitte summten Bienen
Und Falkenjungen in ihrer Krone,
Und eine Gruppe von Brüdern kommt dahergeritten,
Haltet ein, junge Brüder,
Lauscht dem Gesang der kanklės,
Und lauscht auch dem Bienengesumm,
Seht euch die Falkenjungen an.

(Litauisches Volkslied)

Dieses *daina* (oder alte Hymne) stellt den Weltenbaum dar. Er vereinigt Vergangenheit, Gegenwart und Zukunft; die Toten und die Lebenden; die menschliche und die natürliche Welt. Er fordert uns auf, über unsere eigene Situation in der Welt nachzudenken.

Die Grundlagen der litauischen, baltischen Religion

1. Die litauische, baltische Religion ist die eingeborene, ethnische Religion der Litauer.
2. Die litauische, baltische Religion basiert auf der persönlichen Erfahrung des litauischen, spirituellen und religiösen Erbes. Dieses Erbe wohnt der ethnischen, litauischen Kultur inne: *pasaulėjauta* (Weltkonzept), *pasaulėžiūra* (Weltanschauung), *dainos* (Lieder und Hymnen), *pasakos* (Geschichten/Märchen), *užkalbėjimai* (Anrufungen), Musik und Kunst. Seit undenklichen Zeiten haben unsere Ahnen dieses Erbe von Generation zu Generation weitergegeben.
3. Es gibt etwas Größeres im Leben. Jeder erfährt dies auf seine eigene Weise. Es geschieht irgendwann, irgendwo – selbst in unserem irdischen Leben. Wer danach sucht, wird es auch finden. Wir können es nicht vollständig erfassen oder beschreiben. Es gibt keine Worte dafür. Die litauische, baltische Religion lehrt litauische Methoden, danach zu suchen.
4. Sie offenbart sich durch das Leben, die Natur, Gottheiten, Feiertage, heilige Orte und zahllose andere Dinge. Das Leben und die Natur sind heilig. Die wichtigsten und am meisten verehrten litauischen Gottheiten sind die Götter *Dievas, Perkūnas* und *Velnias*, sowie die Göttinnen *Laima, Žemyna* und *Saulė*. Die wichtigsten und am meisten verbreiteten Feiertage sind *Krikštynos* (Namensgebung), *Vestuvės* (Hochzeit) und *Laidotuvės* (Bestattungen), sowie *Kūčios-Kalėdos* (Wintersonnwende), *Velykos* (Frühlingsfest), *Rasa-Kupolinė* (Sommersonnwende) und *Vėlinės* (Herbstliches Gedenken an die Toten). Litauische, heilige Orte sind über das gesamte Land

Vestuvės, ein Hochzeitsritual

verstreut: Tempel, Ritualorte und heilige Wälder. Es gibt zahlreiche litauische Gottheiten, Feiertage und heilige Orte.

5. Alle Religionen sind gleich: sie haben dasselbe Ziel und führen auf ihrem eigenen Wege dorthin. Die litauische, baltische Religion ist der litauische Weg.

Der Name

Die alten Litauer haben ihre Religion nicht für moderne Zeiten ausgelegt. Stattdessen lebten sie einfach ihre *pasalėjauta* (Weltkonzept) und *pasaulėžiūra* (Weltanschauung). Ihre Art zu leben formte auch ihre Religion. Demzufolge hatten sie auch keinen Namen für ihre Religion.

„Baltische Religion“ oder „Romuva Religion“ heißt heutzutage die alte Religion, die allen baltischen Völkern (Litauer, Letten, Pruzzen, usw.) gemein ist. „Litauische, baltische Religion“ oder „Litauische Religion“ ist die litauische Version der baltischen Religion, während „Lettische, baltische Religion“ oder „Lettische Religion“ die lettische Version ist.

Anhänger der litauischen Religion wählten sich Anfang des Jahrhunderts den Namen Romuva. Romuva bedeutet „Tempel“ oder „Heiligtum“ oder auch „Ort des inneren Friedens“. Der pruzzische Haupttempel trug den Namen Romuva. Die Mitglieder der Romuva nennt man *romuviai* oder *sentikia*, das heißt „alte Gläubige“. Die lettische Religion erhielt den Namen *Dievturi*, was „Die Träger des Gottes Dievas“ bedeutet.

Die Geschichte

Die litauische Religion hat weder einen Gründer, noch einen direkten Anfang oder Ursprung, und sie hat ihre Anfänge schon vor der Geschichtsschreibung. Sie gehört zu den ältesten Religionen der Welt und ist die älteste Religion in Litauen. Sie entwickelte sich aus dem einheimischen und dem Naturglauben der Ureinwohner Litauens.

Die litauische Religion hat viele Ursprünge. Nach der letzten Eiszeit praktizierten die ersten Nomaden Schamanismus in der Region des heutigen Litauens. Als die Region dann landwirtschaftlich bearbeitet wurde, praktizierten die Siedler ihre Version der alten, europäischen Religion. Nachdem eine Welle kultureller Veränderungen über Europa hinweggegangen war, praktizierten die Einwohner ihre Art der indo-europäischen Religion. Jede religiöse Umwandlung enthielt immer noch Elemente ihrer Vorgänger. Die baltische Religion entwickelte sich vorrangig aus diesen drei Vorgängern. Die Litauer und Letten, ebenso wie die Pruzzen und einige andere, heute ausgestorbene, baltische Stämme entwickelten ihre eigenen ethnischen Varianten der baltischen Religion.

Während des ersten Jahrtausends n.Ch. wurde die baltische Religion verschiedenen Reformen unterzogen. *Sovius* (Daten unbekannt) führte die Feuerbestattung wieder ein, die weitreichend akzeptiert wurde. *Šventaragis* (ca.5.-6. Jahrhundert) verlegte die Verbrennungen wieder an heilige Orte. *Prutenis* (441-573) und sein jüngerer Bruder *Vaidevutis* (457-573) vereinigten die Pruzzen zu einem theokratischen Stamm, reformierten das Pantheon und erbauten den Romuva Tempel bei Nadruva mit den Göttern *Patrimpas* (*Dievas*), *Perkūnas* und *Patolas* (*Velnias*) als präsidierende Trinität. Außerdem predigten sie das Festhalten an den Göttern, denn ohne sie gäbe es kein Wohl, kein Schicksal und kein Glück. (Simon Grunau, 16. Jahrhundert)

Die baltische Religion konnte sich in den baltischen Ländern frei entfalten bis zum Rande der Dunklen Zeiten, als das katholische Christentum einen Kreuzzug gegen die Balten deklarierten aufgrund ihres nicht-christlichen Glaubens. Die Balten verbrachten das Mittelalter mit der Verteidigung ihrer Länder gegen die christlichen Kreuzritter. Pruzzen und Lettland wurden dabei geschlagen. Das führte schließlich zum Völkermord und zur Angleichung der baltischen Pruzzen (ca. 1710). Den Letten erging es besser, bis auf die Tatsache, daß sie bis 1918 unter Fremdherrschaft standen.

Das Großherzogtum Litauen nahm 1387 den römischen Katholizismus als Staatsreligion an, während die zemaitischen Herzogtümer erst 1410 einwilligten.

Das Christentum konnte nur sehr langsam vordringen, da die Litauer weiterhin ihre alte Religion lebten. Während der folgenden Jahrhunderte dokumentierten die Christen immer wieder den litauischen Starrsinn gegenüber dem Christentum.

Patulas, Perkūnas und Patrimpas

Romuva, die baltische Tradition

Die baltischen Traditionen verbreiteten sich auf einer gewaltigen Fläche, die sich entlang der Ostsee über riesige Wald-, Seen- und Flußgebiete hinzog, welche heutzutage in baltische und slawische Länder geteilt sind. Diese Teilung, die vor allem durch die neuen Weltreligionen und deren ausbeutende Politik angeregt wurde, sorgt noch heute für Verwirrung und erschwert die Stabilität dieser Gebiete. Viele Einwohner dieser Länder haben trotz ihrer unterschiedlichen Nationalitäten eine ähnliche Weltanschauung, ähnliche moralische und ästhetische Werte und eine reichhaltige Folklore. Und sie haben viele Aspekte ihrer alten, eingeborenen Religion bewahrt.

Unsere Ahnen haben jahrhundertelang in diesem Land gelebt, haben um ihr Überleben gekämpft und versucht, die Welt um sich herum zu begreifen und ihr eine Bedeutung beizumessen. Bis es zur Aufzeichnung der Geschichte kam, hatten sie längst ihre charakteristischsten, kulturellen Themen geprägt – die Sprache, die Weltanschauung, Kunst und andere Werte. Nicht alles ist erhalten geblieben – viele kulturelle und alltägliche Werte sind untergegangen. Aggressive religiöse und politische Mächte haben versucht, diese Länder zu erobern und ihnen ihren eigenen Lebensstil und sogar ihre eigene Lebensanschauung aufzuzwingen. Sprache und Religion waren diesen Mächten und Zwängen gegenüber besonders empfindlich. Nachdem es diese spirituelle und kulturelle Verankerung verloren hatte, verlor das Volk oder die ethnische Gemeinschaft seine Identität und wurde zu einer völlig anderen Gesellschaft von ausgelaugten Menschen. Im 14. Jahrhundert verkündete der heidnische, litauische Herrscher Gediminas, daß jedes Volk das Recht auf eine eigene Auffassung von der Welt und auf deren Respektierung hat. Vilnius war eine multireligiöse Stadt und Litauen ein multinationales Land – die verschiedensten Menschen und Religionen lebten miteinander in Harmonie und Einklang. Leider konnte diese empfindliche Lebensart den unfreundlichen und aggressiven Umständen dieser Zeit nicht standhalten.

Baltische Tradition – Weltanschauung, alter Glaube, Traditionen, Folklore und ähnliches – und Romuva symbolisieren den Gemeinschaftssinn der Traditionen. Quellen aus dem 14. Jahrhundert geben an, daß es im Zentrum der baltischen Länder (heute das Gebiet um Kaliningrad) ein besonderes Romuva Heiligtum gab, welches von allen baltischen Völkern verehrt wurde. Das ewige Feuer, das dort brannte, verbreitete sein Licht und seinen Frieden (das ist die Bedeutung des Wortes Romuva) über die gesamte Ostseeküste und sogar darüber hinaus. Bis heute gibt es bei den Weißrussen Volkslieder über Romuva, und sie selbst nennen sich *Krivicianer*, Anhänger des Hohepriesters *Krivis*. Leider wurde das Feuer von den Mitläufern der neuen Religion gelöscht und harte Zeiten brachen an für die alten Traditionen. Die Anbetung und Verehrung von Ahnen, Natur, Land und alten Göttern wurde streng verboten und sogar verfolgt. In unserer heutigen Zeit findet ein allgemeines Erwachen und eine Wiederbelebung der alten Glauben statt. Ähnliche Ereignisse kommen im restlichen Europa und bei anderen Völkern vor, die der Auswirkungen der Zivilisation müde und überdrüssig geworden sind. Die Menschen sehnen sich nach Schlichtheit, nach dem Umgang mit der Natur, nach Kommunikation mit Bäumen, Steinen, Flüssen – nach all diesen Dingen, die unseren Ahnen so vertraut waren, denn sie wußten noch, wie man Harmonie finden und erschaffen kann. Wir verstehen auch, daß heute jeder Mensch das Recht hat, seinen Glauben selbst auszuwählen oder es auch nicht zu tun.

Die alten Glaubenssysteme waren vielfältig und ihre Struktur entwickelte sich zusammen mit historischen Zeitabschnitten, die durchaus ruhig, aber auch voller Härte und Brutalität sein konnten. In diesen Systemen hatten die Bauern ihre eigenen besonderen Götter, das Militär und die Priesterkaste hatten andere. Heutzutage verlaufen historische Entwicklungen anders, als in früheren Zeiten, wo noch Beständigkeit als Basis der Gegenwart galt. In unserer Zeit verläuft alles viel schneller und durch diese fortwährende Veränderung ist der Sinn für Beständigkeit verloren gegangen.

Die Romuva trägt das Erbe der traditionellen, baltischen Religion. Sie unterscheidet sich erheblich von ähnlichen Bewegungen in diesem und dem letzten Jahrhundert, denn sie begründet ihre Weltanschauung und ihre Rituale auf der regionalen, baltischen Mythologie, auf der Folklore, den Volksbräuchen und vermeidet erfundene, religiöse Bestandteile. Die augenscheinlichen und auch halb verborgenen Ursprünge, die zu einem Teil der Folklore, des Brauchtums und der Traditionen geworden sind und sogar in der Sprache fortbestanden haben, sind fast unerschöpflich. Ein geduldiges und beharrliches Studium dieser Quellen, ein empfindsame Annäherung kann die wahre Bedeutung von *Nationalem Erbe* enthüllen und sie erklären.

Die Religion der baltischen Romuva

Die Religion der baltischen Romuva besteht aus dem Wissen, das man aus dem ethnischen Erbe, dem Glauben und der Lebensart gewonnen hat. Man kann sie nicht einfach durch Mitgliedschaft oder irgendeinen Initiationsritus erlangen. Nur eine geduldige und beharrliche Pflege der vererbten religiösen Gefühle, eine Reinigung des eigenen Innenlebens von den Verunreinigungen unserer Zeit kann einen Menschen zur Romuva führen – der Feste des Glaubens, von unseren Ahnen errichtet. Unter Glaube und Religion versteht man, daß der Mensch in Harmonie mit der Natur und seiner Umgebung lebt. Man nahm an, daß die Welt und unsere Existenz darin Offenbarungen unserer Beziehung zur spirituellen Welt und zu den Sphären der Götter sind. Der bezeichnendste Aspekt der alten Religion ist ihre Vielfältigkeit. Es ist eine Vielfältigkeit, die Raum läßt für Mysterien, persönliche Einblicke und ein weites Feld emotionaler Zustände.

Heiligkeit – heißt diese unbenannte, vitale Kraft und spirituelle Stärke, die im Menschen und der Natur weitervererbt werden. Die baltischen Traditionen bewahren die altertümlichen Vorstellungen von Heiligkeit, die sich bedenklich von den christlichen Vorstellungen unterscheiden. In dieser Weltanschauung sind Flüsse, Quellen, Bäume, Steine und andere Teile der Natur mit einer vererbten Heiligkeit ausgestattet. Oftmals werden diese Aspekte personifiziert, um sie für die Gefühle und das Verständnis der Menschen faßbarer zu machen und um diese leichter zur Frömmigkeit zu bewegen. Daukantas schrieb, daß Gott, der Schöpfer, bei den Balten viele Namen besaß. Diese mannigfaltige Offenbarung der Heiligkeit wächst, breitet sich aus und verliert dabei nie ihre Verbindung zu ihrem Ursprung, zur Gottheit. In dieser Hinsicht ähnelt sie metaphorisch gesprochen einem Baum. Deshalb ist der Baum auch oftmals ein bezeichnendes Bild, das in der alten Religion verwendet wird, um das Weltgefüge zu erklären. Während der ukrainischen und litauischen Erntezeit werden Lieder mit folgenden Versen gesungen:

Anhänger der Romuva am Altar

Eine Platane stand am Wegesrand,
– Oh, herrliche Roggenpflanze! –
Von ihrer Wurzel klingen die kanklės
– Oh, herrliche Roggenpflanze! –
In ihrer Mitte summen die Bienen.
– Oh, herrliche Roggenpflanze! –
Falkenjunge in ihrem Wipfel.

Die Wurzeln deuten sowohl den Untergrund, Tod und Vergangenheit, Wasser an, als auch die Quelle des Lebens und den Neubeginn. Die summenden Bienen in der Mitte stellen die Welt der sich mühenden Menschen dar. Im Baumwipfel leuchtet das Licht des Himmels und des zukünftigen Lebens. Tod und Leben sind verbunden in einer ununterbrochenen Evolution. Ein Baum wirft im Herbst sein Laub ab und fällt im Winter in einen Halbschlaf, doch tief in seinem Innersten bleibt seine Seele doch lebendig und das Leben geht weiter. Ebenso verläuft der Pfad der Menschen – Geburt, Tod und Wiedergeburt.

In der traditionellen Religion hatten sowohl Männer, wie auch Frauen Anspruch auf Heiligkeit. Die zeitgenössische Romuva-Weltanschauung hat diese Tradition beibehalten. Göttlichkeit ist in beiden Geschlechtern gleichermaßen vorhanden und wird von Göttinnen und Göttern repräsentiert. Die altertümliche Mythologie spricht immer von mehreren Göttern und ihren Familien. Das brachte die Götter den Menschen näher und machte es möglich, die Umgebung mit personifizierter Heiligkeit zu erfüllen. Man glaubte, daß jedem Fluß, jedem Berg und sogar jedem Baum eine Seele und eine ihn veredelnde Gottheit innewohnte. Unsere Ahnen konnten diese Gottheiten erkennen und benennen. Die Leute der Romuva sollten lernen, wie es Vydūnas lehrte, ihr eigener Herr zu sein, wahrhaftig selbstbestimmt zu handeln und ihre eigene, persönliche Beziehung zur Welt der Götter zu entdecken.

Das Wissen und die Schöpfungskraft unserer Vorväter sind die wichtigsten Quellen für die Entwicklung der Romuva-Weltanschauung. Respekt vor der Natur, den Göttern, dem Heimatland und den Ahnen ist der Glaubenskern der Romuva. In den Ritualen, die in der Romuva vollzogen werden, spielen Gesänge und Volkslieder eine wesentliche Rolle und sind, wie andere traditionelle Bräuche und Symbole auch, von einer besonderen Kraft und Bedeutung erfüllt. Die *dainos* waren seit jeher für die Balten ein wichtiger Teil des spirituellen Ausdrucks. In diesem Sinne könnte man die *dainos* für den obersten Heiligen Text der Balten halten. Unsere Verwandten, die Arianer, verwenden den Terminus *daena* in ihrem spirituellen Text *Avesta*. Sein dortiger Sinn ist Glaube, geheime Bedeutung und Vitalität des Menschen. In den baltischen Ländern sangen Jung und Alt, Mann und Frau bei der Arbeit, beim Feste Feiern und auch beim Trauern. Lieder wurden von Generation zu Generation als unglaublich kostbarer Schatz weitergereicht.

Die Natur, die Götter und die Menschen sind alle Teil einer ineinander verwobenen Existenz. Daukantas schrieb: „Völker, die undenkliche Zeiten an ein und demselben Ort lebten, werden eins mit ihrer Umgebung. Die Berge, Flüsse, Sümpfe und alles Land, das die Menschen bewohnen und auf dem ihre Götter hausen, sind nicht nur mit ihren Emotionen, sondern auch mit ihrer nackten Existenz so eng verschlungen, daß sie nicht voneinander getrennt werden können."

Die Menschen schließen sich der Romuva Gemeinde an, weil sie die natürlichen Elemente in ihrer Weltanschauung erkennen. In unserer Zeit verspüren die Menschen einen inneren Drang danach, ihre religiösen Gefühle individuell auszudrücken, und die Dogmen der herrschenden religiösen Konfessionen werden doch manchmal als einschränkende Hindernisse empfunden. Die Romuva Gemeinden helfen den Menschen, vergessene oder unterdrückte Traditionen wieder zu entdecken. Innerhalb einer solchen Gemeinde wird es möglich, die Verehrung der Natur mit den Ritualen der Taufe, der Hochzeit, der Bestattung und der Kalenderfeiertage zu verbinden.

Ehrerbietung an die Ahnen und das menschliche Schicksal

Den Ahnen Ehrerbietung zu erweisen ist ein wesentlicher Teil der baltischen Religion und findet auf vielfältige Weise Ausdruck. An besonderen Tagen gibt es rituelle Gedenkfeiern, doch neben diesen halten die Menschen noch auf vielerlei merkliche und unmerkliche Weisen die Verbindungen zu ihren Toten aufrecht. Lieder, Bräuche und sogar die Sprache selbst sind erfüllt von Gedanken und Gefühlen, die einen Bezug zu unseren Ahnen aufrecht erhalten sollen. Nach dem Tode bleiben die Verstorbenen mit ihren Verwandten in Verbindung, und während religiösen und/oder traditionellen Riten begegnen sich die Toten und die Lebenden direkt. Eine weitere Brücke zwischen den Toten und den Lebenden ist das Gefühl der Einheit mit der Erde und dem heimischen Land.

In Litauen sagt man: „Die Seelen der Toten sind die Treuhänder oder die Vertrauten ihrer lebenden Verwandten. Besonders verstorbene Eltern werden zu Treuhändern ihrer verwaisten Kinder." Auch werden die Toten zu Verwaltern der heimischen Felder und der Gehöfte. Die Lebenden und die Toten sind vereint durch die Natur und die Erde. Bestattungsriten wurden ursprünglich immer im Freien zelebriert, in direktem Kontakt mit der Natur, erst später hat man sie in die Häuser verlegt. G. Beresnevičius schreibt: „An dem Tag, an dem wir der Toten gedenken, schließen unsere verstorbenen Ahnen und unsere Eltern sich uns, den Lebenden, an. Dann öffnen sich die Tore zur Ewigkeit und einmal mehr dürfen wir ihre Liebe sehen und fühlen. Wir ehren sie, indem wir Kerzen entzünden, und wir spüren, daß sie uns noch immer lieben als das, was wir sind. Immer, wenn wir in Not geraten, schenken sie uns ihre Hilfe und Unterstützung.“ Wer aus seinem Heimatland ausgewandert ist, muß dorthin zurückkehren, um diese wichtige Bindung wiederherzustellen und aufrecht zu erhalten. Der Kreislauf von Leben und Tod setzt sich in jeder Familie in einer Weise fort, daß er einen einzigen, ungeteilten Weg hervorbringt.

Žmogus. Im Litauischen ist das Wort für Mensch *žmogus* (geschlechtslos) – ein Wort, daß in direktem Zusammenhang mit der Erde – *žemė* – steht. Das trifft in gleicher Weise für die Bezeichnung *žmona – Frau* zu. Aus diesem Grunde ist der Baum das wichtigste Symbol des Menschen, denn seine Wurzeln ruhen in der Erde. Wie der Baum nach dem Himmel greift, so hat auch der Mensch himmlische Aspekte. In den Volksliedern wird die Verbundenheit des Menschen mit der Erde durch wiederkehrende Verse hervorgehoben, die erklären, daß die Sonne die Mutter und der Mond der Vater ist. Dadurch ist der Mensch zuerst mit seiner Familie, dann mit seinem Heimatland und durch das Land auch mit allen Bäumen, Flüssen und allen beseelten und unbeseelten Dingen verbunden. Der Mensch unterscheidet sich von seiner Umgebung nicht etwa, weil er weiser, würdiger oder besser ist, sondern aufgrund seiner Verpflichtung gegenüber allem anderen. Wenn ein Baum oder ein Tier nur deshalb wachsen sollte, um des Menschen Bedürfnisse nach Holz und Fleisch gerecht zu werden, wie es in der momentan vorherrschenden Weltanschauung der Fall ist, dann ist der Menschheit wohl keine große Zukunft bestimmt. In jedem Handeln und sogar in jeder Absicht, jedem Gedanken, stecken auch viele unvorhersehbare Konsequenzen – positive wie auch negative. Aus eben diesem Grunde wurde in der ethnischen Überlieferung nicht gleich jeder Mann und jede Frau *žmogus* genannt. Diesen Namen durfte nur tragen, wer Verwandtschaft hatte und mit dem Land, ebenso wie mit den Ahnen spirituell verwurzelt war.

Lemtis. Die Geburt des Menschen und sein Lebensglück hängen vom Schicksal ab – *lemtis* – und auch von der Göttin *Laima*. Ein Menschenleben wird wie ein Faden gesponnen, und wenn die Spule voll ist, wird der Faden zerschnitten und der Mensch stirbt. Die Göttin *Laima* ist Spinnerin und Weberin, Verderben Bringende und Zerschneiderin.

Siela. Das Herz und die Essenz, die ewige Lebenskraft, welche die Erde nie verläßt, sondern sich in Bäume, Blumen oder Tiere reinkarniert, nennt man die *siela*. Sie unterscheidet sich von der *vėlė*, welche die Seele des Menschen darstellt und die Existenz der Menschenfamilie weiterträgt und von Zeit zu Zeit auch die Lebenden besucht. Eines jeden Menschen Schicksal und sein Leben nach dem Tod sind nicht zu trennen von demjenigen seiner Familie und seines Stammes und leben darin weiter. Wenn ein Mensch altert und spürt, daß sich ihm der Tod nähert, werden seine Bindungen zur Welt zunehmend schwächer, während die Bindungen zur anderen Welt sich verstärken. Man sagt, daß die Menschen nach ihrem Tod wiedergeboren werden unter jenen, die sie lieben.

Darna als Moralprinzip

Von besondenen Wichtigkeit ist in der alten Religion das Bestehen von Harmonie – *darna*. Das Leben der Menschen und die bloße Existenz der Welt basiert auf harmonischer Wechselwirkung und moralischem Benehmen. Gegensätze wie *Licht – Dunkel, Feuer – Wasser, Mann – Frau* können unmöglich in Konflikt miteinander geraten und sind mit Gegensätzen wie *gut – böse* nicht vergleichbar. Vielmehr schaffen sie eine Dynamik, die nach dem Konzept der *darna* zu Veränderung und Wachstum führt. Mit der aktiven Teilnahme des Menschen wird aus der Wechselwirkung der Verschiedenheit, nicht aber aus feindlichen Gesinnungen, die Güte geboren. Das Böse – *blogis* – kann nicht aus sich selbst bestehen, vielmehr ist es der Verfall der Harmonie, das Fehlen von Harmonie und die Unfähigkeit, sie wiederherzustellen. Die deutlichste Offenbarung dessen ist die Verwüstung der Natur durch den Menschen und die Zerstörung ihrer Ordnung. Der wichtigste Leitgedanke der Natur und des Menschen ist die Moralität, die durch fortwährende Bemühungen erreicht und erhalten werden muß. Moralität entspricht keinesfalls einer andauernden und unveränderlichen Glückseligkeit, sondern ist abhängig von den Bemühungen der Menschen und von der Gnade der Götter. Die baltische *darna*-Moralität ist dem Konzept der Hinduistischen *Dharma* – dem moralischen Kernstück der Welt – sehr ähnlich.

Der einfachste und universellste moralische Lehrsatz ist die Bitte an den Menschen, andere Menschen und Lebewesen so zu behandeln, wie er selbst sich behandelt wissen möchte. Das allgemeine Dilemma in dieser Angelegenheit ist jedoch, daß es praktisch unmöglich ist, das Töten anderer lebender Kreaturen, wie Bäume, Pflanzen, Tiere, zu vermeiden. Wenn uns diese Unvermeidlichkeit begegnet, sollten wir uns das Handeln unserer Ahnen vor Augen führen, die nur dann töteten, wenn die Notwendigkeit sie dazu zwang. Wenn ein Baum gefällt oder ein Tier geschlachtet werden mußte, baten unsere Ahnen stets um Vergebung für ihr Handeln. Eine solche Praxis unterstützte eine Reduzierung destruktiver Handlungen und unterband eine unbegrenzte Ausschöpfung der natürlichen Ressourcen.

John Balys schrieb: „Es gibt keinen Hinweis darauf, daß die alten Litauer etwas von bösen Göttern oder bösen Geistern wußten, bis zu dem Zeitpunkt, da sie mit dem Christentum konfrontiert wurden. Die selben Götter konnten dem Menschen sowohl helfen als auch schaden. Aus diesem Grunde mußten die Götter durch Opfergaben besänftigt werden, damit sie den Menschen wohl gesonnen blieben.“

Der Kalender, Priester und Romuva

Die Kalenderfeiertage sind von großer Bedeutung, denn sie helfen den Menschen, die ihnen zugeteilten Zeitabschnitte harmonisch zu durchleben: die Geburt – die Reife – den Tod. Solche Feiertage erinnern uns an den komplexen Kreislauf des Lebens und bereiten uns auf die unumgängliche Reise zur anderen Seite vor. Kalenderlieder und -riten enthalten einen starken Symbolismus, der den Kreislauf des Lebens darstellt. Die Wiedergeburt der Sonne, die an Weihnachten (*Kalėdos*) beginnt, ist gleichzeitig auch der Auftakt zur Wiedergeburt der Welt. In einem alten, litauischen Weihnachtslied wird die Erschaffung der Welt gefeiert:

Oh! Ein Stern fällt herab, Kalėda
Oh! Und das weite Meer schäumt über, Kalėda
Auf diesem Meer fährt ein Schiff, Kalėda
Und auf dem Schiff steht ein Stuhl, Kalėda
Auf diesem Stuhl sitzt eine Maid, Kalėda

In historischen Quellen heißt es, daß in den alten Zeiten der baltischen Religion Propheten, Seher, Zauberer und Priester, samt einem Hohepriester (*žynys, krivis, burtininkas, krivių krivaitis*) als Diener beistanden. Diese Ämter konnten sowohl von Männern als auch von Frauen ausgeführt werden. Sie waren diejenigen, die das alte Wissen sammelten und bewahrten und genau aus diesem Grund waren sie die ersten, die angegriffen und verfolgt wurden – zuerst von den einfallenden Christen und schließlich von ihrem eigenen Staat, nachdem die Nobilität sich dem Christentum unterworfen hatte. So mußte die priesterliche Tradition als erste leiden. Sie wurde jedoch inoffiziell weitergeführt von Heilern (besonders in der Kräutermedizin), Bettlern und reisenden Barden. Es ist kein Wunder, daß unter solchen Umständen auch negative Aspekte auftauchten. So gab es zum Beispiel Fälle, in denen die *žyniai* sich in Gemeinden Macht verschafften und die Menschen für ihre eigenen, selbstsüchtigen Zwecke benutzten. Durch einen solchen Mißbrauch von Privilegien der Priesterkaste wurde der wichtigste Aspekt

Beim traditionellen Kūčios Mahl

der alten Religion verdreht, nämlich die persönliche Beziehung zur Natur und zu den Göttern. Diese Entwicklung widerspricht natürlich den Zielen der Romuva. Anliegen der Romuva ist es, Menschen zusammenzuführen, die das Wissen und die Praktiken der alten Traditionen miteinander teilen wollen, ohne ihrer eigenen Individualität zu entbehren. Deshalb ist es auch wünschenswert, daß jedes Mitglied mit den verschiedenen Aspekten der baltischen Religion, den Riten, Liedern und Bräuchen vertraut ist. Natürlich haben nicht alle denselben Einblick in die jeweiligen Gebiete, daher werden jene Mitglieder, die dort tieferes Verständnis besitzen, ermutigt, ihr Wissen den anderen mitzuteilen und als Organisatoren zu agieren. Allerdings bedeutet das nicht, daß zum Beispiel ein Ritualleiter in irgendeiner Weise besondere Privilegien oder eine besondere Machtstellung innerhalb der Romuva Gemeinde innehat. Jedes Mitglied der Romuva hat irgendeine besondere Stärke und kann sich in das Geschehen einbringen, indem es diese Stärke entwickelt. Die Romuva Gemeinde bemüht sich ganz besonders darum, die Entwicklung der Individualität eines jeden Menschen zu begünstigen.

Die Romuva trachtet nicht danach, einen Kollektivismus zu entwickeln oder gemeinschaftliche Gemütsbewegungen zu pflegen. Viel wichtiger ist es, religiöse Empfindungen individuell zu erfahren, während man mit der Natur oder einem ihrer Aspekte kommuniziert, der für einen selbst besondere Bedeutung hat. Das könnte eine bevorzugte Eiche oder Linde sein, vielleicht sogar ein Stein oder ein Feuer. Es liegt an jedem selbst, die Zeit und den Ort für die persönlichen religiösen Erfahrungen zu entdecken. Einige besonders begabte Menschen konnten zur Gründung von besonderen, heiligen Hainen, den *Alkos*, beitragen. In ähnlicher Weise können auch Volkslieder aus einer tiefgehenden spirituellen Erfahrung heraus entstehen. Eine Gruppe gleichgesinnter, verwandter Seelen kann eine enorm gefühlvolle, erfüllende und kreative Atmosphäre erzeugen.

Die heutige Romuva trägt den Geist der pruzzischen Vielseitigkeit weiter und bezieht ihre Stärke aus vielen baltischen Brauchtümern. Die Bewegung ist ein wesentlicher Bestandteil der Wiederbelebung und Wiederentdeckung von Europas altertümlichen Religionen. Diese Renaissance vollzieht sich vollkommen natürlich – denn die Zeit dafür ist nun reif. Wir können uns freuen, daß die baltischen und auch andere europäische Völker die Aspekte ihrer alten Religionen bewahrt haben und nun die Zeit für uns gekommen ist, diese Traditionen wieder zu entdecken und weiterzuentwickeln.

Lyrik und Epik
in der lettischen und finnischen Volksdichtung

Vaira Vike Freiberga

Im Jahre 1985 feierten zwei Ereignisse ihren 150. Jahrestag, die eines Andenkens durch alle Gelehrten der baltischen Region in besonderem Maße würdig sind: die Veröffentlichung der ersten Ausgabe finnischer, nationaler Epik *Kalevala* von Elias Lönnrot und die Geburt von Krišjānis Barons[1], der die *Latvju dainas* klassifiziert und herausgegeben hat. Diese stellen noch immer die umfassendste Sammlung lettischer Volkslieder dar.

Wenn auch Barons´ Schaffensperiode ein halbes Jahrundert nach derjenigen Lönnrots stattfand, spielten beide in der Kulturgeschichte ihrer jeweiligen Völker eine vergleichbare Rolle. Seit ihren Veröffentlichungen, waren die *Kalevala* in Finnland und die *dainas* in Lettland eine unerschöpfliche Quelle der Inspiration für Künstler jedweder Schaffensrichtung. Was jedoch weitaus wichtiger ist, ist daß beide Publikationen wesentlich dazu beitrugen, in ihren jeweiligen Ländern den Grundstein für eine moderne, nationale Kultur zu legen. So wird es wohl kaum ein Zufall sein, daß das Lied, welches Barons´ gewaltige Sammlung von Volksliedern eröffnet, folgenden Text hat:

Die eine Maid singt ihr Lied in Riga,
Die andere singt es in Valmiera.
Und beide singen dasselbe Lied,
Ob sie wohl Töchter derselben Mutter sind?

[1] *Krišjānis Barons* wurde am 30. Oktober 1835 in Strutele, nordwestliches Lettland geboren. Die erste Edition der *Kalevala* erschien 1835-36 und enthielt 32 Gedichte und Runen.

Lönnrots *Kalevala* und Barons *Latvju dainas* ließen das Maß an nationalem Selbstrespekt und Selbstbewußtsein ihrer beiden Völker ein ganzes Stück in die Höhe schießen, erschienen sie doch während einer Zeit, in der Finnen und Letten sich bei jeder Gelegenheit anhörten mußten – von Deutschen, Schweden, Russen und allen anderen, die da geruhten, ihre Existenz überhaupt wahrzunehmen – daß sie zurückgebliebene Völker seien, ohne jegliche Kultur und historische Vergangenheit. Die beiden Sammlungen brachten ein reiches kulturelles Erbe zutage, das in keinerlei geschichtlichen Aufzeichnungen zu finden ist, weil es jahrhundertelang mündlich weitergegeben wurde, tief verankert in den Herzen und Köpfen der Menschen. Durch diese Liedersammlungen entdeckten diese Völker ihre verloren geglaubte Vergangenheit wieder, stellten ihre Würde wieder her und stärkten ihr Bewußtsein von der kollektiven Identität.

Undenkliche Zeiten lang wurden Volkslieder in traditionellen Gesellschaften gesungen, seien es die Bauern, die Fischer, die Jäger oder eine Mischung der drei Gruppen. In derlei Gesellschaften wurde die „mündliche Kunst“ – Sprache, Rhetorik und Gesang – hoch respektiert und bei den Kindern bereits im zarten Alter gepflegt. So haben die Lieder überlebt, immun gegen all die Veränderungen, die die Geschichte schreibt. Denn wann auch immer die Schlachten geschlagen wurden und wie die Namen der Könige, die sie gewannen, auch lauten mögen, das Land blieb immer das gleiche und wurde durch Pferdekraft und Menschenhand bearbeitet. Die Bräuche veränderten sich nur langsam und allmählich und mit ihnen auch die Lieder. Im gemächlichen Lauf der Zeit kamen neue Lieder hinzu, doch immer bewahrte man die ganz alten, die bis ins tiefste Altertum zurückreichen.

Bis zum 19. Jahrhundert konnte die Pflege der alten Bräuche von keinen Veränderung bedroht werden, nicht einmal von denjenigen, die durch Kriege und Seuchen herbeigeführt worden waren. Doch dann hielten die Schulen bei den Bauern Einzug, und so manch ein Bauer las nun Sonntags nicht nur seine Bibel, sondern auch Zeitungen und Bauernkalender voller moderner Ideen und wissenschaftlicher Ratschläge. Das gedruckte Wort begann, das gesprochene Wort zu verdrängen und mit ihm eine Quelle der Weisheit, der Information und auch der Unterhaltung. Die Lehrer übernahmen nun die Autorität und Verantwortung in der Ausbildung der Kinder, die vorher der Großfamilie gebührte. In Läden gekaufte, metallene Werkzeuge und landwirtschaftliche Gerätschaften ersetzten nun die alten, handgefertigten aus Holz. Die ärmeren Landarbeiter strömten zum Arbeiten in die neuen Fabriken der Stadt, und die alte Welt wurde in rasendem

Tempo von der neuen überrollt. Zusammen mit der alten Lebensweise würden auch die alten Bräuche, Glauben und Rituale verschwinden – die gesamten psychologischen Grundlagen, die die Lieder in den Jahrhunderten zuvor am Leben gehalten hatten.

Die Bewußtwerdung dieser Veränderungen und eine zunehmende Würdigung des kulturellen und historischen Wertes der ethnischen Altertümer führte dazu, daß man sowohl mündliche wie auch materielle Folklore zu suchen und zu bewahren begann. Die exakten Daten und wie genau dieser Vorgang vonstatten ging, sind natürlich in den verschiedenen Ländern an der östlichen Ostseeküste unterschiedlich, allerdings sind die Tendenzen und die Beweggründe im Wesentlichen dieselben.

Deutlicher werden die Unterschiede zwischen den Ländern, wenn man die Art des gesammelten Materials, seine Menge und seine Zugänglichkeit betrachtet, ebenso die Einwirkungen auf die Lieder von außen. Besonders, wenn man die *Kalevala* mit den lettischen *dainas* vergleicht, wird man schnell feststellen, daß die epischen Lieder der *Kalevala* viel bekannter geworden sind, und zwar auf der ganzen Welt.

Sicher – wenn man ein paar zufällig ausgewählte Kanadier oder Amerikaner heute auf der Straße nach der *Kalevala* fragen würde, wären sie sehr wahrscheinlich der Meinung, man rede über eine neue Rockband mit diesem Namen. Genauso würde man wohl schwerlich jemanden finden, der jemals irgend etwas von lettischen *dainas* gehört hätte – es sei denn, er ist lettischen Ursprungs.

Seit der historisch ungemein wichtigen Übersetzung der *Neuen Kalevala* ins Deutsche, wurde dieses Werk (oder Teile daraus) in alle größeren Sprachen übersetzt – und auch in eine nicht zu verachtende Menge kleinere. Insgesamt sind das 32 Sprachen[2]. Von den *dainas* hingegen wurde nur eine kleine Auswahl in ein halbes Dutzend andenen Sprachen übersetzt, und keine dieser Übersetzungen ist in irgendeiner Weise denkwürdig oder besonders zufriedenstellend.

Dieser Unterschied in der Verfügbarkeit in anderen Sprachen ist im Hinblick auf die pure Größe des betreffenden Materials noch unbegreiflicher. Da die *dainas* ebenso wie die *Kalevala* in höchstens achtsilbigen Zeilen geschrieben sind, bietet es sich an, zum Mengenvergleich die Verszeilen zu zählen.

---

[2] siehe Jubiläumsausgabe der Helsinki Universität: *Kalevala, 1835-1985. The National Epic of Finland*, S.82.

Die erste Ausgabe der *Kalevala* von 1835 enthält fast 13.000 Zeilen. Die Neue Kalevala, die 1849 veröffentlicht wurde, enthält im Ganzen 22.795 Zeilen – also fast 23.000.

Barons´ *Latvju dainas*[3] hingegen besteht aus fast 36.000 (35.789) numerierten Musterliedern, begleitet von einer Unmenge ähnlicher Varianten mit ca. 182.000 zusätzlichen Texten – das sind im Ganzen dann 217.996 verschiedene aufgezeichnete Textvarianten. Davon sind die meisten Vierzeiler, 10% davon sind allerdings längere Lieder. Nachdem Barons es geschafft hatte, all diese Informationen in 8 Bände seiner offiziellen 6 Bände zu verdichten, kam die Gesamtgröße seiner Sammlung auf die ungeheuerliche Zahl von ungefähr einer Million Zeilen.

Es gibt verschiedene Gründe, weshalb die *Kalevala* ein wesentlich größeres Publikum gefunden hat als die lettischen *dainas*. Als die *Kalevala* in der ersten Hälfte des 19. Jahrhunderts veröffentlicht wurde, paßte sie wunderbar in den Geist dieser Zeit. Ihr literarischer Wert war weit verbreitet, denn er verband Ideen der deutschen Romantik mit Ideen der Dichtungen aus Aristoteles´ Zeiten. Diesen zufolge ist die epische Dichtung die ultimative Errungenschaft des menschlichen Genius und steht weit über der lyrischen Dichtung, genauso, wie der Tragödie ein höherer Wert beigemessen wird als der Komödie. Der höchste Inbegriff dieser Gattung war das Heldenepos, in denen die männlichen Vorzüge gepriesen werden: rohe Kraft, Mut, Tapferkeit im Kampf und die Fähigkeiten, Menschen anzuführen. Die Lyrik hingegen galt als Frauendomäne und so war sie der Epik, aufgrund der sexistischen Gedankenwelt, untergeordnet. Psychologisch gesehen könnte damit das Heldenepos ein Frohlocken über die Fähigkeit des bewußten Willens ausdrücken und diese über die übrigen Funktionen der menschlichen Psyche erheben.

Das Vorurteil zugunsten des Epos war so stark, daß man glatt den Fakt übersah, daß die *Kalevala* eigentlich gar kein Heldenepos, sondern eine magische Dichtung ist, wie einige Gelehrte[4] herausgefunden haben. Viele der Handlungen in der *Kalevala* sind auch in lettischen Volksmärchen und in den Volksmärchen anderer angrenzender Länder zu finden. In vielerlei Hinsicht könnte man die *Kalevala* eine Verkettung von Märchen- und Sagenmotiven nennen, die sich von ähnlichen Traditionen nur dadurch unterscheidet, daß diese Motive vertont und in Versform gesetzt wurden.

Trotz der generellen Auffassung, daß das Heldenepos die höchste literarische Errungenschaft sei, hat das Epos in Wahrheit vom späten Mittelalter an seine Beliebtheit verloren. Bereits Jahrhunderte davor hatte Chauser das monotone Epos in seinen *Canterbury Tales* verschmäht, und Cervantes parodierte es in seinem *Don Quijote de la Mancha*. Daß die *Kalevala*, ebenso wie die Legenden über Artus und seine Ritter der Tafelrunde, ihre Anziehungskraft nicht eingebüßt haben, liegt an der hohen Dosis magischer Elemente, die in das wahre Epos eingeflochten sind. Psychologisch gesprochen enthält die *Kalevala* eine Menge Stoff, die Freud als hinweisenden Elementarprozeß bezeichnen würde: starre, lebendige Bilder direkt aus dem Unterbewußten, die die elementaren Triebe und Impulse in kaum verschleierten Begriffen ausdrücken. Auch findet man darin das Motiv der Wünsche-Erfüllung, das dem Motiv aus den Volksmärchen sehr ähnlich ist. Diese Elemente regen in starkem Maße die Phantasie der Menschen an, sie enthalten eine Faszination, die den ständig wechselnden Veränderungen der literarischen Mode ewig trotzen wird.

Im Gegensatz zu den verschiedenen epischen Formen stellen die *dainas* eine poetische Haltung dar, die man als verbalen Gegenwert zur magischen Praxis bezeichnen könnte. Oberflächlich geht es in den *dainas* um alltägliche, konkrete Dinge. Jedoch steckt hinter einem konkreten, lebendigen Detail, das im Mittelpunkt der *dainas* steht, ein viel tieferer, abstrakterer Gedanke. Die *dainas* stellen nicht die tatsächliche Wirklichkeit dar – sie wandeln sie um. Eine verbale Alchimie nimmt sich des gewöhnlichen Metalls der Worte an und verwandelt es in poetisches Gold.

Daß die *dainas* nicht die internationale Beachtung bekommen haben, die sie als größte veröffentlichte Sammlung mündlich überlieferter Folklore eigentlich

---

[3] Die 6 Bände der *Latvju dainas* erschienen zwischen 1894 und 1915 unter der doppelten Autorenschaft von Kr. Barons und H. Wissendorff. Der erste Band erschien bei Dravin-Dravnieks in Jelgeva (Mitau), die übrigen wurden von der Kaiserlichen Akademie der Wissenschaften in St. Petersburg verlegt. Barons hatte Wissendorff hauptsächlich aus dem Grund als Mitautor gewählt, weil es entscheidend für den Erfolg dieses monumentalen Projekts war, das Kapital zu sichern und einen Verleger zu finden. Auch trug Wissendorff durch die Sammlung einer erheblichen Anzahl an Volksliedern zu dem Werk bei, und er schlug dessen Titel vor. Die wissenschaftliche Arbeit der Klassifizierung, des Herausgebens und des Kommentare-Schreibens wurde jedoch von Barons selbst erledigt.

[4] Cf. Felix J. Oinas, "The Balto-Finnic Epics" in dem von ihm selbst verlegtem Buch, *Heroic Epic and Saga: An Introduction to the World's Great Folk Epics*. Bloomington: Indiana University Press, 1978, S. 286-309.

verdient hätten, liegt ganz simpel daran, daß sie zum lyrischen Teil der Dichtkunst gehören und eine Übersetzung in andere Sprachen somit äußerst schwierig ist. Was Claude Lévi-Strauss über Mythen[5] sagte, trifft gewiß auch auf das Epos zu: eine epische Erzählung kann man mühelos in andere Sprachen übersetzen, ohne daß ihr wesentlicher Einfluß auf die Vorstellung verloren geht. In der lyrischen Dichtung hingegen sind Form und Inhalt so eng miteinander verwoben, daß das Medium gleichzeitig auch die Botschaft darstellt; und vergreift man sich an diesem Medium mit einer Übersetzung, so wird man gewiß die Botschaft zerstören.

Der hochstilisierte und verdichtete poetische Ausdruck der *dainas* beweist eine so vollendete Fertigkeit darin, jede Feinheit der lettischen Sprache auszuschöpfen, daß es eine ziemlich hoffnungslose Aufgabe wäre, all diese Dinge in andere Sprachen zu übertragen. Das trifft besonders auf aus dem Kontext isolierte Vierzeiler zu, denn was die *dainas* zu erzählen haben, ist dem modernen Leser meistens unbekannt. Siebzig Jahre, nachdem die letzten Bände von Barons´ Sammlung veröffentlicht worden sind, stellen die *dainas* noch immer eine entmutigende Herausforderung für Wissenschaftler und Poeten dar – die Herausforderung, die Klangbarriere der den *dainas* eigenen Sprache zu überwinden und sie auf ihren rechtmäßigen, würdigen Platz innerhalb des literarischen Welterbes zu setzen.[6]

Im Gegensatz zu Lönnrot hatte Barons nie Gelegenheit, selbst hinaus zu gehen, um Volkslieder zu sammeln. Zwischen 1877 und 1886 hatte Fricis Brivzemnieks eine lange Reihe von Artikeln in der lettischen Presse veröffentlicht, und bat die Bevölkerung, alles Folkloremateria1, das sie in ihrer Gegend finden konnten, aufzuschreiben und einzuschicken. Das gesamte verfügbare Material über Volkslieder, sowohl neue Manuskripte, wie auch alte Sammlungen, wurde nun begutachtet und an Krišjānis Barons weitergeleitet, den man offiziell zum Ordnen und Zusammenstellen der Lieder berufen hatte. Seine Aufgabe war es, sie zu veröffentlichen und „vorm Zahn der Zeit" zu bewahren, wie es Brivzemnieks es einmal nannte.

Über die Jahre hinweg kamen immer neue Lieder hinzu, von unzähligen Händen geschrieben. Einige ähnelten den bereits aufgenommenen, andere schienen recht neu und anders zu sein, und alle sollten ihren Platz in einem verständlichen Klassifizierungssystem finden. Mit dem mathematisch präzisen Verstand und dem eisernen Willen eines Mannes, der einmal die Astronomie studiert hatte, begann Barons damit, Ordnung in diese stetig wachsende Ansammlung von Manuskripten zu bringen, genauso wie ein Astronom die funkelnden Punkte am Nachthimmel in Konstellationen und Galaxien einteilt. Das System, das Barons dabei entwickelte, war ein Wunder aus Logik, Klarheit und Verständlichkeit. Der genialen Lösung, die er erdachte, um eine Vielfalt an verwandten und zum Teil auch ähnlichen Texten sinnvoll darzustellen, konnte man niemals ebenbürtig werden, weder zuvor, noch danach. Er brachte es fertig, diese Unmenge an Information auf eine klare, bündige und unglaublich ökonomische Weise auf der gedruckten Seite vorzulegen.

Man sollte nicht vergessen, daß Barons die Liedtexte so aufschrieb, wie sie ihm übermittelt wurden, und daß sie nur zum Teil widerspiegeln können, wie so ein Lied in einer direkten Aufführung gewirkt haben muß. Denn dabei wird ein Lied normalerweise von einer Melodie getragen oder wenn es ein monotoner Gesang war wurde er zumindest mit einem Rhythmus unterlegt (genau wie magische Beschwörungen), oder es wurde mit einer sehr simplen Kinderlied ähnlichen Melodie unterlegt, die auch für Rätsel benutzt wurde. Und was am wichtigsten ist: ein live vorgetragenes Lied befindet sich immer in einem sozialen Kontext: es hat eine ganz bestimmte Absicht und ist an ein ganz bestimmtes Publikum

---

[5] C. Lévi-Strauss, "The Structural Study of Myth", in *Myth: A Symposium*, Hrsg. T.A. Sebeok (Bloomington: Indiana University Press, 1958), S. 81-106.

[6] Eine kleine Auswahl an *dainas* erschien in einer Reihe von Sprachen, wie Deutsch, Russisch, Polnisch, Französisch und Jiddisch. Dieser Auswahl mangelt es jedoch an adäquaten ethnologischen Hinweisen und Erklärungen, ohne die die Texte kaum verständlich, geschweige denn genießbar sind. Der Pfarrer Gustav Bergmann veröffentlichte 1807 und 1809 privat zwei kleine Sammlungen aus seinem Distrikt, in denen lettische Originale und deutsche Übersetzungen zu lesen sind. Diese enthalten allerdings frappante Falschübersetzungen einiger Schlüsselwörter, ganz besonders in den mythologischen Liedern. Michel Jonvals *Les chansons mythologiques lettones* (Paris 1929) wird durch eine oberflächliche Einleitung und zahllose größere und kleinere Falschübersetzungen verstümmelt. Die umfangreichste englischsprachige Übersetzung war bis vor kurzem noch Uriah Katzenelenbogens *The Daina: An Anthology of Lithuanian and Latvian Folk Songs* (Chicago, 1935). Diese enthält eine einfühlsame, aber unabsichtlich herablassende Einleitung. Katzenelenbogen hat außerdem noch eine jiddische Übersetzung desselben Stoffes als *Daines* (Toronto, 1930) veröffentlicht. Eine besondere Edition zu Barons´ 150. Geburtstag ist *Krišjānis Barons, Latvju dainas. Parindenu izlase*, Riga, 1984, herausgegeben von der Sowjetisch-Lettischen Autoren Union. Dies ist eine 497 Seiten umfassende Auswahl aus Barons´ Sammlung, in der Zeile für Zeile ins Russische, ins Deutsche und ins Englische übersetzt wurde. Außerdem enthält es ein zweiseitiges Nachwort und ein kurzes Glossar mit Erklärungen in jeder Sprache. Sie erleidet dasselbe Schicksal wie alle Sammlungen ohne Hintergrunderklärungen – vorzeigbar übersetzte Texte, die aber ohne umfassende Hintergrundinformationen zum ethnographischen Kontext ziemlich unverständlich bleiben (der fünfte Text auf S. 417 ist ein Beispiel dafür).

gerichtet – vielleicht an den Sänger selbst, wenn er gerade Getreide in einer Handmühle mahlt, an ein Baby in der Wiege oder gleich an eine ganze Festgesellschaft, wie bei einer Hochzeit oder Sonnwendfeier. Der Liedtext allein, auf totes Papier geschrieben, ist nur ein bleicher Geist, ein blasser Schatten des gesungenen Liedes in einer wirklichen Aufführung und seinem natürlichen Umfeld. So bleibt es nur eine verblaßte Blume zwischen den Seiten eines Großmutterbuches, ein ausgetrocknetes Überbleibsel der prächtigen Blüte, die sie einst war, ihres dreidimensionalen Wesens, ihrer Gestalt und Form, ihrer Struktur, Farbe und ihres Geruches beraubt. Das vom Volk gesungene Lied ist ebenso unwirklich wie der Wind, der es davonträgt, so flüchtig wie der Atem, der es formt. Das gesungene Lied, wie es des Sängers Mund entfließt, ist wie ein Schmetterling im Flug, vor Lebendigkeit zitternd, farbenprächtig schillernd, aber kurzlebig und einem frühen Tod geweiht. Der Liedtext, der auf eine Buchseite gebannt wird, ist wie ein gefangener Schmetterling – auf eine Nadel gespickt, leblos und ausgetrocknet, wenn er auch so für die Nachwelt erhalten und vor der Vergessenheit bewahrt wird.

Was Barons mit seiner Klassifizierung der lettischen Volkslieder vollbracht hat, ragt weit hinaus über eine Aufreihung toter Schmetterlinge, wie man sie in manchem Naturkunde Museum findet: Reihe um Reihe, Kasten um Kasten. Durch sein hierarchisch geordnetes Schema thematischer Klassifizierung[7], macht sich Barons die Lieder selbst und deren Reihenfolge zu Nutzen, um zumindest teilweise den Zusammenhang zu rekonstruieren, in dem sie ursprünglich gesungen wurden. Auf diese Weise werden die Texte dem geduldigen Leser nicht nur leichter zugänglich und verständlich gemacht, sondern sie bilden auch eine Art Enzyklopädie voller Informationen über die Lebensart der alten Letten, ihre täglichen Aufgaben, Pflichten, Freuden, Leiden, Brauchtum und Werte der Menschen, die sie erdichtet und überliefert haben.

Der Strom der Lieder, die im ganzen Land aufgezeichnet wurden, hörte nicht auf, in Barons Hände zu fließen – als eine verstrickte, formlose und konfuse Masse. Barons schrieb sie auf kleine Zettel in seiner präzisen, feinen Handschrift, schnitt alle Zettel zur gleichen Größe zu, las, überdachte, sortierte und gruppierte sie, ordnete sie in kleine Kästchen und übertrug sie nach alter Gewohnheit in seinen Schrank mit den 70 Schubladen. Auf diese Weise konnte Barons ganz langsam, durch sorgfältige, peinlich genaue Arbeit über vier volle Jahrzehnte seines Lebens hinweg, aus zehntausenden kleinen Papierzettelchen die Welt der *dainas* rekonstruieren. Und es wurde ein in sich zusammenhängendes, raffiniertes und bewegendes, vollendetes Meisterwerk des menschlichen Geistes.

Aus dem anfänglichen Angebot von längeren und kürzeren Versen erwählte Barons den Vierzeiler zum Grundstein, auf dem sich das ungeheure Gebäude der lettischen Volkslieder aufbauen sollte. Die vierzeilige Strophe ist das Kernstück der *dainas* Tradition, ihre kleinste semantische und dichterische Einheit. Gebettet in ein metrisches Muster einer streng mathematischen Doppelsymmetrie und konstruiert nach einer verzwickten Geometrie aus Gemeinsamkeiten und Gegensätzen, stellt jeder Vierzeiler für sich genommen ein selbständiges Miniaturepigramm[8] oder -gedicht dar, ähnlich dem japanischen *haiku*[9]. Doch thematisch zusammengefaßt in Zyklen und Sequenzen bilden die kürzeren Texte zusammen das Echo einer altertümlichen Kosmogonie[10], einer Mythologie, einer sozialen Ordnung und nehmen eine Reichweite und Großzügigkeit an, die ihnen einen epischen Beigeschmack verleihen.

Nehmen Sie zum Beispiel die gewaltige Anzahl an Liedern, die den lettischen Hochzeits-Liederzyklus bilden. Einzeln betrachtet wäre jedes Lied ein Schnappschuß, ein eingefrorenes Bild aus einem Film, ein Teilstück aus einer längeren, weiterführenden rituellen Sequenz. Tausende Hochzeitslieder aber, in die rituelle Ordnung eingefügt, ergeben zusammen zweifellos ein dramaturgisch strukturiertes und zeitlich geordnetes großes Ganzes.

Eine solche erzählende, verkettete Auswahl an verschiedenen Varianten, ist ganz genau dasselbe, was auch die Hochzeits-Sequenz in Lönnrots *Kalevala* darstellt. Daraus entsteht ein künstlerisch befriedigendes Resultat, und es ist leichter zu lesen. Barons war da etwas wissenschaftlicher und nahm genügend Varianten auf, um mehrere Abläufe einer gleichen Veranstaltung in verschiedenen Varianten zu gestalten. Das Material ist reichlich vorhanden, doch eben weil es im Überfluß vorhanden ist, ist es schwierig, es geistig aufzunehmen und wertzuschätzen. Trotz all dem wird sich bei einer einigermaßen sorgfältiger Lektüre herausstel-

---

[7] Barons´ Beitrag zeichnet sich nicht vordergründig durch die Erstellung eines thematischen Klassifizierungsschemas aus, sondern vielmehr durch seine Veredelung und Bedeutung auf einer nie zuvor dagewesenen Skala. Die Hauptthemen wurden in eine hierarchische Gruppe von Nebenthemen eingeteilt und eine funktionale Beziehung zur ethnographischen Umgebung oder einem Ereignis war das grundlegende Prinzip bei der Ordnung dieser Untergruppen. Jeder Text wurde mit einem geographischen Hinweis auf sein Ursprungsgebiet versehen, damit es möglich wurde, Verteilungskarten für alle Varianten eines gegebenen Liedes zu erstellen. Innerhalb der Untergruppen sind die Lieder alphabetisch geordnet nach dem ersten Wort oder der ersten Zeile.

[8] *Epigramm*: Kurzes Sinn- oder Spottgedicht, meist in Distichen

[9] *haiku*: aus drei Zeilen mit zusammen 17 Silben bestehende japanische Gedichtform

[10] *Kosmogonie*: Lehre von der Entstehung des Kosmos

len, daß die thematisch größeren Liederzyklen über Familienfeste und -veranstaltungen das verbale Gegenstück zu einem Zeichentrickfilm bieten. Aufeinander folgend in Sequenzen erschaffen die Gruppen aus *daina*-Vierzeilern Bewegung, sie erfrischen das Leben und fügen sich schließlich zu einem Drehbuch für eine kinematographische[11] Nachbildung der alten Riten und Rituale, und sie enthalten einen Nachklang der Bedeutung, die sie für die Ausführenden hatten. Oder wenn man so will, könnten die Liederzyklen über rituelle Feiern auch die Libretti einer archaischen Volksoper bilden – einer Oper, in der es keine passiven Zuschauer gibt, sondern nur aktive Teilnehmer, sei es als Nebenrollen oder Chormitglieder.

Der lyrische Wert der *dainas* ergibt sich zum größten Teil daraus, daß sie niemals als objektive Beschreibungen von einem losgelösten Erzähler vorgetragen werden. Im Gegenteil: sie sind lebendige Zeugnisse aktiver Teilnehmer, vorgetragen in der ersten Person Singular des „lyrischen Ich". Dieses „lyrische Ich" sollte nicht mit der Person des Sängers verwechselt werden, wo es doch seinen Vortrag beginnt, noch ehe dieser den Mutterlaib verlassen hat und selbst dessen eigene Beerdigung noch kommentiert. Obwohl die beiden häufigsten Worte in den *dainas* „es" und „man" sind (zwei Deklinationen der ersten Person Singular), so drückt sich in den *dainas* doch keine einzigartige, individuelle Erfahrung aus, sondern vielmehr eine kollektive Weisheit. Ebenso stellt der Zeitrahmen der *dainas* eine ewige Gegenwart dar, ohne den Versuch der historischen Dokumentation im Hegel´schen Sinne, ohne das Verlangen, irgend ein einzigartiges Geschehnis aufzuzeichnen, das sich in einem meßbaren, linearen Zeitrahmen präzise lokalisieren läßt. Was die *dainas* erzeugen, ist ein Bild, das aus vielen verschiedenen Leben zusammengesetzt ist, die alle denselben archetypischen Mustern gefolgt sind. In ihnen steckt die Quintessenz der ganzen Erfahrung von Generationen, die Essenz und der Kern, der allen menschlichen Wesen gemeinsam ist, und das Ganze in einer Art und Weise, die unverkennbar Lettisch ist.

Die *dainas* beziehen sich nie auf historisch bestimmbare Einzelpersonen. Nur in der Glut satirischer Liederkriege werden passende Namen in Lücken gesetzt, die für die Opfer der Satire und Verspottung vorgesehen sind. In den *dainas* geht es nicht um irgendeine besondere Lize, Made, einen Mikus oder Peteris. In ihnen geht es um die ewige Braut und den ewigen Bräutigam, um die archetypische Mutter und die archetypischen Brüder, es geht um den ewigen Kampf zwischen Clanmitgliedern und Außenstehenden, zwischen Blutsverwandten und Eingeheirateten. Die Welt der *dainas* zu ergründen kommt dem Betreten einer Zeitmaschine gleich – wir werden in eine andere Welt versetzt und uns fragen, was wohl aus uns geworden wäre, wären wir zu dieser Zeit an jenen Orten geboren. Die *dainas* geben uns die Möglichkeit, in unserer Vorstellung sowohl die physische Welt zu rekonstruieren, die ihre Erschaffer bewohnten, als auch die ästhetische und spirituelle Welt, die sie in den *dainas* umgewandelt haben.

Die psychologische Achse, um die sich die Welt der *dainas* dreht, ist die mystische Korrespondenz zwischen Mikrokosmos und Makrokosmos. In den *daina*-Vierzeilern tritt sie als metaphorische Parallele zwischen Natur und Kultur in Erscheinung – die ersten beiden Zeilen des klassischen Vierzeilers stellen eine poetische Vorstellung der Natur dar, die letzten beiden einen Widerklang des menschlichen Lebens.

Die Peripherie der poetischen Welt der *dainas* ist durchzogen von den Zyklen der Ewigen Wiederkehr[12], einer unendlichen Spirale des Bestehens, in der jedes Individuum und jedes Ereignis lediglich ein Muster neuverkörpert und wiederbelebt, das seit dem Anbeginn der Zeit besteht. Die sichtbare Verkörperung dieser unveränderlichen Ordnung der Existenz stellt die Sonne dar, zusammen mit den geringeren Himmelskörpern in einer Nebenrolle. Die Sonne mit ihrem täglichen Ritt auf dem Himmelsberg und ihrem Jahreszyklus von Sonnenaufgängen und -untergängen am Horizont, gilt als die Himmelsuhr; sie ist die Kosmische Uhr, die die Rhythmen und die Muster vorgibt, denen alles auf Erden, einschließlich der Menschen, zu folgen hat.

Die Sommer- und Wintersonnwende und die Frühlings- und Herbst-Tag-und-Nacht-Gleichen bilden die vier großen Speichen des jährlichen Zeitrades und die vier großen Kalenderfeiertage und Volksfeste. Sie stellen eine Metapher für alle immer wiederkehrenden Offenbarungszyklen dar: Geburt, Reife und Tod, gefolgt von einem neuen Schaffenszyklus – Gedeihen und Verderben, fort und fort ohne Unterlaß, für immer und ewig, „solange die Sonne am Himmel steht". Die Hauptabschnitte eines Menschenlebens werden von Familienfesten begleitet,

---

[11] *Kinematographie*: Filmtechnik, Filmwesen in der Anfangszeit des Films

[12] Während moderne lettische Dichtungen einige Merkmale in Betonung und Stil enthalten, die den Dichtungen der Volkstradition verwandt sind, so weist doch die Beziehung zur Zeit in der modernen Dichtung ein radikale Abgrenzung von dieser archaischen Denkweise auf. Ich habe versucht, diese Unterschiede in einem Artikel mit dem Titel "Linear and cyclic time in traditional and modern Latvian poetry" (in *World Litarature Today*, 51. (1997) S. 538-543.) darzustellen. Zum Einfluß der lettischen *dainas* auf die moderne lettische Dichtung siehe den Artikel "Echoes of the *dainas* and the search for identity in contemporary Latvian poetry", *Journal of Baltic Studies*, 6 (1975), S. 17-29.

während denen die Durchgangsriten gefeiert werden: Namensgebung, Hochzeit und Bestattungsriten; und sie folgen dem Lauf der Sonne: Morgen, Mittag, Abend und Nacht, Frühling, Sommer, Herbst und Winter. Ein jedes Individuum betritt diese Welt, um sie dann wieder zu verlassen. Die Menschheit lebt ewig weiter, jede Generation setzt im Grunde den Weg ihrer Vorfahren fort.

Die Ordnung des Kosmos und der biologischen Rhythmen erzeugen einen Rahmen für religiösen Glauben, ethische Werte und soziale Ordnung. Die *dainas* enthalten einen wahren Reichtum an Informationen über diese Glaubenssysteme, wenn man auch kaum etwas von der exakten Glaubensvorstellung oder der Mythologie in einer zusammenhängenden Erzählung finden wird. Die *dainas* eröffnen uns eine Metaphysik, in der das höchste Ziel eines menschlichen Lebens darin besteht, mit dem Willen der Götter, den Rhythmen der Natur und anderen Gemeindemitgliedern in Eintracht zusammenzuleben. Persönlicher Wert und Integrität drücken sich in Tugendhaftigkeit aus, nicht darin, daß man Sünden umgeht – dieses Konzept ist den *dainas* vollkommen fremd. Die Grundlage für persönlichen Wert ruht in der Verehrung der Götter, in der Achtung der Eltern und in der Fähigkeit, ein Leben lang hart und unermüdlich zu arbeiten. Die älteren Wurzeln der *dainas* offenbaren auch einen starken Glauben an Magie und die schöpferische Kraft des *logos*, des gesprochenen Wortes, das innerhalb magischer Beschwörungen auf die physische Welt wirken und den menschlichen Willen auf die jeweiligen Kräfte lenken kann.

Auf der gesellschaftlichen Ebene dient die kosmische Ordnung, besonders wie sie in der Sonne verkörpert ist, als Modell der idealen sozialen Ordnung[13]. In vielen *dainas* greifen die Götter persönlich ein, wenn das ideale Gleichgewicht besonders schwer gestört wurde. In anderen *dainas* offenbart sich ein sozialer Protest gegen die Ungerechtigkeiten, die Menschen einander zufügen. Die Vorstellung von der Welt, wie sie sein sollte, wie sie sein könnte, schien immer eine große Quelle des Trostes zu sein, die es den Menschen möglich machte, selbst in der extremsten physischen Not zu überleben, ohne daß ihre Seelen dabei zermürbt wurden.

Obwohl Barons meisterhaftes Werk längst nicht das volle Ausmaß an internationaler Beachtung erhalten hat, das ihm gebührt, so erkennt man doch leicht, weshalb das lettische Volk ihn in einem Maße verehrt, wie andere ihre Schutzheiligen oder berühmte Könige.

Barons leistete mit der Veröffentlichung eines wahrhaft gewaltigen Hortes an Volksliedern bei weitem mehr, als eine erstaunliche wissenschaftliche Abhandlung. Aus abertausenden lyrischen Miniaturen erbaute er ein Monument, das im gesamten kulturellen Erbe der Menschheit seinesgleichen sucht. Wenn er in seiner Klassifizierung einem jeden Text seinen eigenen Personalausweis, seine persönliche Referenz und Identifizierung gegeben hätte, dann könnte man wahrhaftig behaupten, er habe dies ebenso für das gesamte lettische Volk getan. Er gab den Letten seiner Zeit so etwas wie ein Zertifikat spiritueller Reife, einen internationalen Reisepaß kulturellen Bürgerrechts, mit dem sie zuversichtlich in die moderne Welt hinausgehen und ihre Rechte und ihrenWert als ethnische Gruppe und als menschliche Wesen behaupten konnten.

Dievturiba, die alte lettische Religion

Tupešu Janis

Einleitung

Vorab einige erklärende Bemerkungen.

I. Hätte man die alten Letten nach ihrer Religion gefragt, wären sie wohl verblüfft gewesen über die Bedeutung dieser Frage. Ihre Religion war ihr Lebensstil (*dzives zina*) und grundlegende Belange wurden nicht in abstrakten oder analytischen Dogmen erfaßt. Das höchste Ziel des menschlichen Lebens war es, mit der Natur und den anderen Mitgliedern der Gesellschaft in Harmonie zu leben – und dem Willen der Götter zu folgen. Der Wert und die Integrität des Einzelnen hing davon ab, inwiefern

[13] Eine spezielle Analyse dieser Grundlage finden Sie in meinem Artikel "The Orphan in Latvian Sun Songs: An analysis of the semantic links between two concepts", *Journal of Baltic Studies*, 11 (1980), S. 49-61.

er tugendhaft war. Es war nicht nötig, irgendwelche religiösen Metaphern wie Sünde, Buße oder Erlösung zu erfinden[14].

II. Dieser Artikel soll weder verteidigend noch herablassend wirken. Der Autor ist sich der Vielzahl der religiösen Überzeugungen bewußt und erachtet jegliches System aus Gedanken, Handlungen und Erfahrungen, die einem Einzelnen und einer Gemeinschaft erlauben, ihrer Welt einen Sinn zu geben, als gleichermaßen gültig und gleichwertig. Ich halte es nicht für wichtig, wie Religion definiert wird oder ob sie überhaupt definiert wird. Nun, da wir das 21. Jahrhundert erreichen, ist es viel wichtiger, welchem Wertesystem der Einzelne und die Gemeinschaft folgen und nicht, zu welchen Dogmen sie sich bekennen. Natürlich haben diese Überlegungen die alten Letten nicht betroffen. Doch andenenseits waren sie auch nicht Teil einer reichen Kultur am Rande eines erzwungenen Rassenmordes und selbst gewähltem Aussterben[15].

III. Dievturiba – sowohl der Name als auch die *systematisierte* lettische Weltanschauung sind Phänomene des 20. Jahrhunderts. Die lettischen *dainas*[16] als hauptsächlichste Quelle mündlich überlieferter Weisheit und traditioneller Werte nutzend beschloß eine Gruppe aus Intellektuellen, Schriftstellern und Künstlern nach vielen Zusammenkünften und Auseinandersetzungen, daß die einmalige Begegnung des Lettischen mit dem Heiligen eines eigenen Schicksals würdig ist, anstatt die altertümliche, lettische Weisheit mit den christlichen Dogmen in Übereinstimmung zu bringen[17]. Mit einer kleinen Gruppe überzeugter Enthusiasten beginnend, erlebte die Bewegung in den dreißiger Jahren einen Aufschwung und ist auch heute noch sehr lebendig.

In der lettischen Sprache gibt es kein Wort für „haben" (besitzen). Die Letten sagen „mir ist". Die alte baltische Form *turēti* nutzend, nannte Brastinš eine Person, die an *Dievs* (Gott) festhält oder ihn verinnerlicht hat, einen *Dievturis*. Der Name ist ein Teil der lettischen Sprache geworden und ein *Dievturis*, der der immerwährenden Weisheit folgt, ist wortwörtlich ein Gottes-Verwalter oder -besitzer.

IV. Die psychischen und sozialen Wissenschaften unterziehen sich einer paradigmatischen Veränderung. Ein Paradigma wird wie folgt definiert: Eine von einer Gemeinschaft geteilte Konstellation aus Begriffen, Werten, Erkenntnissen und Praktiken, welche eine besondere Vorstellung von der Wirklichkeit erzeugt und die Grundlage dafür bildet, wie eine Gemeinschaft sich organisiert. Die lettische Religion, die *Dievturiba*, ist umgeben von einer solchen Wirklichkeitsvorstellung. Die Gemeinschaft besteht aus all den Gotteshütern der Gegenwart und der Vergangenheit.

Die Art der Letten, die Welt zu betrachten, ist nicht nur eine historische Realität, sondern auch eine lebendige Kraft, angefüllt mit all den Kriterien des neuen, paradigmatischen Denkens in der Wissenschaft. Diese Kriterien sind:

A. Die Veränderung von den Teilen zum Ganzen. Grundlegend gibt es überhaupt keine Teile. Was wir Teil nennen, ist lediglich eine Form in einem untrennbaren Netz aus Beziehungen.

B. Die Veränderung von objektivem Wissen zu demjenigen, das vom menschlichen Beobachter abhängt. Um die Entwicklung des Wissens zu verstehen, müssen ihm unbedingt die Beschreibung der Naturphänomene beigefügt werden.

C. Die Veränderung von grundlegenden Gesetzen zu einem Netzwerk aus Beziehungen. Die Metapher vom Grundstein wird von der Metapher eines untrennbaren Netzwerks verdrängt.

---

[14] Vergleichlich Vaira Vike-Freibergas Artikel in *Journal of Baltic Studies*, 17 (1986), S. 104-105. Prof. Freiberga ist Autorin zahlreicher Publikationen zum Thema lettische Religion, Folklore und Mythologie und bietet eine gute, wissenschaftliche Quelle an Informationen über die alte lettische Religion.

[15] Heute gibt es in der Welt ca. 1,5 Millionen Letten. In dem besetzten Sowjetischen Lettland fährt die amtierende Nomenklatur weiterhin fort, alle Letten in ein kulturelles, homogenes Volk (das Sowjetische Volk!) einzuverleiben. Doch mangelnde Selbstentschlossenheit ist nicht allein verantwortlich für das Bevölkerungswachstum, das unter null liegt. Seit dem 2.Weltkrieg und bis vor wenigen Jahren hielt Sovjet-Lettland den Weltrekord für die kleinste Rate an natürlichem Wachstum der Bevölkerung.

[16] Die sechs Bände der *Latviju dainas* erschienen zwischen 1894 und 1915 – alle, bis auf den ersten, bei der Kaiserlichen Akademie der Wissenschaften in St. Petersburg. Alle Klassifizierungen, die Herausgabe und die Kommentare wurden von Krišjānis Barons vorgenommen – im Ganzen 217.996 verschiedene Textvarianten. Heute sind 1.250.000 *dainas* im Besitz des Folklore-Archiv der Sowjetisch Lettischen Akademie der Wissenschaften. Das ist die größte mündlich überlieferte Volksliedersammlung der Welt!

[17] Der Hauptbegründer der Dievturi Bewegung als einmalige lettische Religion war Brastinu Ernests. Er ordnete ungefähr 5.000 *dainas*, die in irgendeiner Weise eine der lettischen Gottheiten erwähnten, nach ihren Anfangsbuchstaben. Dies war aber nur der Anfang – es folgten viele Bücher und kürzere Artikel (alle auf lettisch). Die *Cerokslis* (Riga 1932), ein Initialen-Nachschlagewerk der Dievturiba in Frage-Antwort Form, hat viele Editionen erlebt.

D. *Die Veränderung von Wahrheit zu ungefährer Beschreibung.* Das bedeutet, daß alle Konzepte und Theorien in der Wissenschaft begrenzt und allenfalls nahekommend sind.

E. *Die Veränderung von Struktur zu Weiterentwicklung.* Das gesamte Beziehungsnetzwerk ist innerlich in Bewegung.

F. *Der Wechsel von Herrschaft und Kontrolle über die Natur zu gemeinsamem Wirken und Gewaltlosigkeit.* Der patriarchalische Gedanke vom „Menschen, der die Natur beherrscht" verwandelt sich in das matriarchalische Konzept, daß Mann und Frau in der Natur leben und an ihr teilhaben.

In dieses neue Paradigma mit einbezogen sind die verwandelten Werte und Praktiken – nämlich daß Lettland im späten 20. Jahrhundert religiöse Ansichten und Überzeugungen akzeptieren und gleichzeitig die Werte und Symbole der früheren, landwirtschaftlichen Gesellschaften mit in das zeitgenössische Weltparadigma einbeziehen kann.

V. Obwohl sie im 13. Jahrhundert offiziell christianisiert wurden, haben die alten Letten bis ins 18. und 19. Jahrhundert hinein das Christentum nicht akzeptiert – und danach auch nur oberflächlich. Der Hauptgrund dafür war die Ablehnung der einheimischen Bevölkerung als Gleichberechtigte durch die herrschenden deutschen Landadel. Die Sprache, die in den Kirchen gesprochen wurde, war entweder Deutsch oder Latein, und die Letten konnten ganz einfach nicht verstehen, was dort von der Kanzel herunter gepredigt wurde. All diese Dinge und die vielen Bestrafungen durch die herrschenden, deutschen Landbesitzer zwangen die einheimische Bevölkerung regelrecht dazu, ihre alten Traditionen, ihre Gottheiten und grundlegenden sozialen Strukturen zu bewahren. Der Baustein für diese Aufrechterhaltung waren die *dainas*[18]. Mit ihrer strengen metrischen und tonischen Struktur erhielten die lettischen Volkslieder die Erinnerungen aufrecht und vermieden eine ungeprüfte Einschiebung neuer Worte oder Phrasen. Außerdem bestand die lettische Kultur fast 600 Jahre lang nur aus der Bauern-Klasse und unterlag somit einer erzwungenen Abgrenzung von der sogenannten „höher und weiter entwickelteren" Kultur der deutschen Barone.

VI. Die *New Encyclopaedia Britannica* definiert Religion als die Beziehung des Menschen zu dem, was er als heilig erachtet[19]. Das „heilige" sollten wir uns dabei nicht als etwas übernatürliches, etwas unpersönliches vor stellen. Diese Definition trifft auf Religionen mit oder ohne Gott/Götter zu, monotheistische oder polytheistische – sie löst die Grenzen des Theismus/Atheismus auf und gestattet den Religionen, mit dem wissenschaftlichen Standpunkt zusammenzuarbeiten.

Kritiken haben die *Dievturiba* als heidnisch, folkloristisch und polytheistisch eingestuft. Nach der Interpretation von Religion in der *Encyclopaedia Britannica* erweisen sich diese Kritiken jedoch als bedeutungslos. Religion ist weder angeboren noch absolut gut oder schlecht – sie ist eine Funktion eines kulturell abhängigen Definitionskodex.

Der übrige Artikel wird „des Menschen Beziehung zu dem, was er als heilig erachtet" beschreiben, wie sie in der lettischen Religion *Dievturiba* gelebt wird. Der Umfang der Beschreibung wird sich über die traditionellen Kategorien und funktionellen Analysen einer jeden Religion erstrecken: I. Gott oder Götter, so sie vorhanden sind, II. Werte und Verhaltenskodex, III. Rituelles und IV. die letztendliche Metaphysik (Leben, Tod und der Sinn an sich).

---

[18] Die einzelnen Autoren dieser Lieder sind unbekannt. Die meisten von ihnen stammen anscheinend aus dem 13. bis 16. Jahrhundert, obwohl einige Wissenschaftler behaupten, die *dainas* seien so alt, wie die lettische Sprache selbst (Arveds Švabe, der Hauptverleger der Lettischen Enzyklopädie/ *Latvju Enciklopedija* (Stockholm, 1950) war einer von ihnen). Die erste Sammlung religiöser Volkslieder, *Dieva dziesmas* (Lieder Gottes), wurden 1928 herausgegeben und waren systematisiert und kommentiert von Brastinu Ernests. Diesem Buch folgten *Tikumu dziesmas* (Lieder der Tugend) und *Gadskartu dziesmas* (Lieder der Jahresfeste). Es wurden auch weitere zusammengestellt, doch ihre Veröffentlichung wurde von der sowjetischen Besetzung Lettlands unterbunden.

[19] Diese Definition von Religion fand man in der 15, Auflage der Enzyklopaedia Britannica (1986), Band IX, S. 1016. Eine gute Beschreibung der lettischen Religion ist in Band XIII auf S. 905-909 zu finden. Obwohl dort Prof. Haralds Biezais die Baltische Religion diskutiert, bezieht er sich doch meistens auf alte, lettische Gottheiten, Rituale und Bräuche. Es gibt einen definitiven Mangel an englischsprachigen Publikationen, die sich mit lettischer Religion beschäftigen. Vier weitere Quellen sind: *Contextualizing the Gospel to Followers of the Latvian Religion Dievturiba* von Daina Elberts (Teil einer Dissertation in einem Priesterseminar; christenfreundlich und die Dievturiba kritisierend), *Latvian Religion* (New York, 1968) von Janis Dardedzis, *Standard Dictionary of Folklore* (1972, S.606-608) von Jonas Balys und *The Balts* (London, 1963) von Marija Gimbutas. Es gibt jedoch auch viele Publikationen auf Deutsch und Lettisch, die sich mit der alten baltischen/lettischen Religion beschäftigen. Eine gute deutsche Quelle ist *Germanische und Baltische Religion* (Stuttgart, 1975) von Ake V. Strom und Haralds Biezais.

Fackelumzug einer heidnischen Gemeinschaft

Gott/Dievs[20]

Die ursprünglichen Forschungen Brastinu Ernests brachten ca. 4.000 *dainas* zutage, die sich mit dem Thema Dievs befassen. Die Vorstellungen von Dievs haben sich mit der Zeit verändert und entwickelt, wie es in den meisten Religionen der Fall ist. Schon einige Jahrhunderte vor unserer Ära entwickelte sich der leuchtende Himmel von einer unpersönlichen, allgegenwärtigen Kraft zu einem Himmelsgott. Lange vor dem 13. Jahrhunderte wurde durch immer weitergeführte Vermenschlichung ein vollständiges Bild des lettischen Dievs (meist aber in der Verkleinerungsform *Dievinš* gebraucht) geschaffen: voller Güte, allgegenwärtig, die höchste wertgebende Instanz und stellvertretend für alles Sein (Vedantic Braham). Auf diese Vorstellung von Dievs trafen die ersten Missionare, die den lettischen Boden betraten. Wie er sich so darstellt, scheint sich Dievs während der christlichen Jahrhunderte in Lettland kaum verändert zu haben.

Dievs kann interpretiert werden als 1. eine Einheit: alles, was ist, sich verwandelt und bleibt, 2. als Dualität: Wechselbeziehung zwischen Stofflichem und Geistigem, 3. als Trinität: das Stoffliche, die Energie und sich entwickelnde, vereinigende und maximierende Gesetze des Kosmos/*Visums* und 4. als Pluralität: alle Facetten und Funktionen der Gottheiten des lettischen Pantheons. Nach der Religionsdefinition der *Encyclopaedia Britannica* sind dies alles rechtmäßige Wege, dem Heiligen zu begegnen.

Dievs ist weder sichtbar noch hörbar, er gibt seine Weisheit an alle seine Schöpfungen weiter. Das größte Geschenk, das Dievs dem Menschen zu geben vermag, ist *laimė* – Glück, ein wohlwollendes Schicksal und Zufriedenheit. Dies wird beispielsweise in einem *daina* beschrieben:

Die Feldlerche singt höher als alle anderen Vögel;
Die Weisheit des Dievs ist höher und liegt jenseits der Welt.[21]

Dieses Geschenk und auch alle anderen Beziehungen zwischen Dievs und dem Menschen sind sehr wohl persönlich. Es gab keine anderen Institutionen oder Medien dafür, im Namen des Menschen Dievs um Hilfe oder Rat zu bitten[22].

Da die lettische Religion weder dogmatisch noch prophetisch oder offenbarend ist, kann jeder Einzelne seine eigene Beziehung zu Dievs pflegen. Diejenigen, die einen Schöpfer und Herrscher brauchen, haben ihren Dievs. Und auch die anderen, die nicht glauben, daß etwas aus Nichts erschaffen werden kann, haben ihren Dievs: das unendliche, sich stets verändernde Universum mit den

---

[20] Die umfassendste Analyse des Dievs stellt die Doktorarbeit Dr. Phil. Karlis Polis′ dar, *Dievs un dvesele ka religioz priekšstats aizkristietisko latviešu tradicijas* (erschienen in Buchform 1962, Lincoln, Neb.).

[21] Ich werde nur einige wenige *dainas* in diesem Artikel zu übersetzen versuchen, vor allem deshalb, weil die Texte ohne umfangreiche ethnographische und idiomatische Anmerkungen schwer zugänglich sind. Die umfassendste englisch-sprachige Übersetzung war bis vor wenigen Jahren noch Uriah Katzenelenbogens *The Daina: An Anthology of Lithuanian and Latvian Folk Songs* (Chicago, 1935). 1984 wurde eine 497 Seiten umfassende Ausgabe von der Sowjetisch-Lettischen Autoren Union unter dem Titel *Krišjānis Barons, Latvju dainas. Parindenu izlase* veröffentlicht, in der man Zeile um Zeile ins Russische, Deutsche und Englische übersetzt hat. Sie stellt bislang die beste übersetzte Sammlung dar, ist aber zeitweise aus Mangel an ethnographischen Erklärungen unzugänglich. Viele Wissenschaftler und Folkloristen sind der Ansicht, daß, ebenso wie einige *Vedas*, ein großer Teil der *dainas* nicht übersetzbar ist.

ihm eigenen Gesetzen und seinen punktuell lokalisierbaren Schöpfungen. Aber auch jene, die mit den großen, analytischen und „endgültigen Wahrheiten“ nichts anfangen können, haben ihren Dievs: die Personifizierung und das höchste Ideal all dessen, was gut, tugendhaft, edel und rechtschaffen ist. Ein weiteres *daina* berichtet:

Oh Dievas, was wirst du tun, wenn alles vergeht?
Hast weder Vater noch Mutter, noch eine Braut an deiner Seite.

Die dualistische Darstellung des Dievs, die *Mara*, ist das Symbol für die materielle Welt – sie umgibt alles Stoffliche, das existiert. Unter den Gelehrten gibt es eine beträchtliche Streitfrage um die angeglichenen Formen von *Mara* und Maria – zum Beispiel die Frage, wer zuerst da war[23]. Zweifelsohne mußte eine gewisse Angleichung stattfinden nach den langen Jahrhunderten des Christentums, wenn es auch nie akzeptiert wurde. Jedenfalls erscheint *Mara* bereits arianischen Stämme Nordwesteuropas und des Mittelmeerraumes. Sie ist die Mutter der Mütter (die Letten erwähnten sie als solche in mehr als 60 *dainas* und Volksmärchen) – die Große Mutter und Göttin.

Wir wissen, daß die Materie sich in beständigem Wechsel und Veränderung befindet. Sicherlich haben auch die alten Letten das gewußt und personifizierten viele Aspekte der Natur als veränderliche Offenbarungen *Mara*s: Erdmutter, Windmutter, Mutter des Meeres und so weiter.

Aus den annähernd 1700 *dainas*, in denen *Mara* erwähnt wird, lassen sich ihre drei Hauptfunktionen herausfiltern: die Gebende, die Bewahrende und schließlich auch die das Leben Nehmende (*Velu Mate*). Diese drei Aspekte der Großen Mutter durchdringen alle indo-europäischen Religionen und Folkloren, jedoch findet man sie in der lettischen ganz besonders häufig, und sie ist stets anwesend in den wichtigsten Phasen des menschlichen Lebenszyklus[24].

In der dreieinigen Vorstellung von Dievs, fungiert *Laimė/Laima*, die Göttin des Schicksals, als Vermittlerin zwischen Dievs und *Mara*. Genau wie Dievs ist *Laimė* unsichtbar. Wenn auch *Laimė* das unveränderliche Schicksal eines Menschen im Moment seiner Geburt beschließt, so muß doch der Einzelne immer noch zwischen Gut und Böse wählen innerhalb der breiten Grenzen, die durch ihren Beschluß gesteckt sind.

In fast allen Mythologien sind Spuren der dreifachen Schicksalsgöttin zu finden, der Herrscherin über Vergangenheit, Gegenwart und Zukunft – Jungfrau, Mutter und altes Weib/Zerstörerin. Diese weibliche Trinität nimmt viele Gestalten an, besonders in den westlichen Religionen. In der lettischen Religion sind viele Spuren von ihr vorhanden.

Und schließlich die pluralistische Vorstellung von Dievs. Neben der lettischen Trinität von Dievs, *Mara* und *Laimė* gibt es noch eine Vielzahl an mythologischen und Volksmärchen-Figuren. Diese ähneln den geringeren Gottheiten vieler andenen Kulturen und Religionen. So gibt es eine Unmenge an *Himmelsgottheiten (Saulė, Menes, Perkons, Auseklis, Usinš*), Fruchtbarkeitsgottheiten (*Jumis, Zidu Mate*), chthonischen Gottheiten (*Velu Mate, Kapu Mate*) und angepaßten christlichen Heiligen (*Martinš, Peteris, Mekelis*, und eventuell *Janis*[25]). Sie alle sind personifizierte Naturphänomene und -vorgänge, die den Hang der

---

[22] In moderner Zeit hat sich diese religiöse Matrix für diejenigen, die der lettischen Religion anhängen, jedoch verändert. Das technische Zeitalter der Information zwang die einst Landwirtschaft betreibenden Letten, den Herausforderungen der modernen Welt zu begegnen. Zusammen mit ihren christlichen Geschwistern außerhalb Lettlands, haben sich die meisten Dievturi in *draudzes* (Gemeinden) zusammengefunden, um zusammen das Feiern der Jahresfeste, der heiligen Rituale und der Übergangsriten zu fördern – denn dies alles gehört zum Leben eines Dievturis.

[23] Der Kernbegriff eines weiblichen höchsten Wesens/einer Göttin existiert schon seit zehntausenden von Jahren. Für die vor-arianischen und vor-semitischen Völker war die Göttin eine kosmische Elternfigur, die das Universum und dessen Gesetze erschaffen hat, und sie war Herrscherin über Natur, Zeit, Schicksal, Wahrheit, Weisheit, Gerechtigkeit, Geburt und Tod. Einer ihrer Namen war *Mara*. Viele Kirchenväter des Christentums waren gegen die Marienverehrung, denn sie war lediglich ein Abbild der vielen heidnischen Göttinnen, die man vor der Maria anbetete. Tatsächlich entstand die christliche Marienfigur während der ersten vier Jahrhunderte der christlichen Ära aus der *Mara* und ihren vielen Kosenamen (*Mariamne, Maya, Mari, Kel-Mari, Yamamari* und viele andere) heraus. Als gute Quelle empfehle ich Barbara G. Walkers *The Woman's Encyclopaedia of Myths and Secrets* (San Francisco, 1983) und Geoffreys Ashes *The Virgin* (London, 1976).

[24] Als die arianischen Stämme vor rund 4000 Jahren in das Gebiet des heutigen Lettlands einfielen und sich dort ansiedelten, begegneten sie dort einer fast vollkommen matriarchalischen Kultur. Man könnte sagen, daß Vater Dievs/Himmel zusammen mit Mutter *Mara*/Erde eine Einheit bildete. Bis zum heutigen Tage ist die lettische Religion und Kultur in diese heilige Dualität gebettet. Diesen Vorgang beschreibt Marija Gimbutas recht gut in ihrem Buch *The Gods and Goddesses of Old Europe* (London, 1974).

[25] Obwohl *Jani*, das lettische Mitsommernachts-Fest, definitiv vor-christlichen Ursprungs ist, so glauben dennoch viele Gelehrte, daß der Name selbst von St. Johannis abgeleitet ist. Um nun der großen heidnischen Anziehungskraft des Festes entgegenzuwirken, erklärte man den 24. Juni ab sofort zum Geburtstag Johannes des Täufers. Dennoch gibt es einige Beweise dafür, daß der Name vor-biblischen und indo-europäischen Ursprungs ist.

alten Letten widerspiegeln, alles zu personifizieren und die Natur in ihre wiederkehrenden Lebenszyklen einzubeziehen. Die meisten dieser Gottheiten haben eine Familie, Heimstätten, menschliche Eigenschaften und dienen als metaphorische Mittler zwischen dem Menschen und dem vielgestaltigen Dievs.

Werte und Verhaltenskodex

Für die alten Letten und die heutigen, modernen Dievturi ist der Sinn und das Ziel des Lebens, mit den wiederkehrenden Rhythmen der Natur und den anderen Mitgliedern der Gesellschaft im Einklang zu leben. Das bedeutet, daß ein harmonisches Leben sich selbst rechtfertigt – es gibt keinen Sinn jenseits des Lebens.

Die Haltung dem Leben gegenüber ist optimistisch und positiv (jedenfalls bis vor Kurzem!). Man strebt nach Tugendhaftigkeit – nicht danach, sündenfrei zu leben. Der Gedanke der Sünde ist den *dainas* völlig fremd.

Das grundlegende Anliegen im Leben ist es, gut zu sein. Das bedeutet, daß es keinen Raum für Böses oder Unglück gäbe, wenn jeder Mensch gut wäre. Die Kräfte, die das Verhalten eines Menschen bestimmen, können in drei Kategorien aufgeteilt werden: 1. die Kräfte des Lebens oder des Dievs, 2. die grundlegende Sittenlehre oder die Werte des Einzelnen und 3. die allgemeine Ethik oder allgemeinen Werte, die sich auf die Mitmenschen beziehen.

Die beiden Antriebskräfte der ersten beiden Kategorien lauten: Sei gut! Und sei dankbar und voller Ehrfurcht gegenüber Dievs! Der gesamte ethische Kodex der alten Letten war in einem positiven Ton gehalten. Es wurde vor allem gelehrt, was man tun und wie man sich verhalten sollte, nicht was man unterlassen und wie man sich *nicht* verhalten sollte.

Die vier grundlegenden Tugenden der Selbsterhöhung und des Verhaltens sind: *Sei weise! Sei fleißig! Sei schön, rein und gesittet!* und *Sei fröhlich!* Zur Weisheit gehört es, sich guter Dinge und Werte bewußt zu sein und Ziele und Intentionen zu verstehen. Und nur die Weisheit entscheidet über angemessenes Verhalten sich selbst, anderen und Dievs gegenüber. Der Wert der Arbeit führt sowohl zu mentalem wie auch materiellem Erfolg. In vielen *dainas* heißt es, daß Dievs kein Haus betreten würde, das nicht ordentlich, sittsam und fröhlich ist.

Die letzte Kategorie der Tugenden sind die Tugenden der Umgänglichkeit: *Sei voller Liebe! Sei umgänglich im Zusammenleben! Sei großmütig!* und *Sei gerecht!* Diese vier Tugenden waren eine Anleitung für die Letten, wie sie mit ihren Verwandten, Nachbarn, Fremden und anderen Clans/Völkern umgehen sollten.

Das Böse im christlichen Sinne, existiert nicht als funktionale Vorstellung. Man spricht allenfalls von Unglück oder davon, nicht im Einklang zu leben mit den oben genannten Tugenden. Der Grund dafür, daß schlechte Dinge geschehen, ist beim Menschen selbst zu suchen. Die Natur und die Welt mit all ihren Katastrophen ist grundlegend neutral – sie *ist* einfach nur. Der Mensch entscheidet, was er damit anfängt – zum Guten oder zum Schlechten.

Ritualplatz der Romuva

Heiliges Ritual

Typologisch gesehen, ist die alte lettische Religion eine Fruchtbarkeitsreligion. Die Bewegung der Himmelskörper und die Fruchtbarkeitszyklen, die sie verursachen, lassen eine festgesetzte, unendliche und hoch strukturierte Spirale des Lebens entstehen. Die Sonnwenden und die Tag-und-Nacht-Gleichen bilden dabei den grundlegenden Rahmen dieser Struktur. Zu ihnen gehören *Jani* (Sommersonnwende), das Winterfest (Wintersonnwende) und viele herbstliche Erntefeste (herbstliche Tag-und-Nacht-Gleiche)[26].

Darunter sind auch die vielen Pflanzungs-, Ernte- und anderen Gemeindefeste gestreut. All diese zyklischen Festivitäten geben den heiligen Zeitabschnitten und Ritualen die passenden Lieder, Tänze, Mahlzeiten und andere Tätigkeiten. Dievs und andere Gottheiten sind willkommene Gäste bei all diesen Ritualen.

Eine heidnische Hochzeit in Vilnius 2001

Ein weiteres Merkmal dieser Feste ist, daß immer in irgendeiner Form Feuer und Honigwein vorhanden sind.

Die kosmische Uhr, die die Rhythmen und Muster dieser Feste bestimmt, ist natürlich die Sonne. Es gibt buchstäblich tausende *dainas*, die Trost spenden, Rat geben oder ein Rollenspiel anbieten, das man aufführen kann. Die mythologische astrale Familie ist eine passende Metapher für die immer wiederkehrenden Offenbarungen auf der Erde: Geburt, Wachstum, Verwirklichung und Tod. Durch diese Metapher wird die Fruchtbarkeitsreligion der alten Letten gleichzeitig zu einer astralen Religion – wie oben, so unten.

Die alten Letten ordneten ihr Leben und das Leben des Stammes in Übereinstimmung mit Geburt, Wachstum und Tod in der Natur. Der Beginn, die Mitte und das Ende des Lebens – die Durchgangsriten – wurden von heiligen Festen begleitet: das erste bezog sich auf die Geburt (Namensgebung), das zweite auf Werbung und Hochzeit und das letzte auf den Tod.

Der moderne Dievturis hat diese Festlichkeiten und Übergangsriten nicht aufgegeben. Viele dieser jahrhundertealten, traditionellen Rituale haben sich inzwischen in heilige Spiele verwandelt[27]. Dabei entscheidet die Art des Spieles nicht darüber, wie wichtig seine Bedeutung genommen wird – seine Teilnehmer entscheiden darüber. Und für die Dievturis sind diese Spiele wichtige Bestandteile ihrer ethnischen und kulturellen Wiedergeburt – eine selbst gewählte Verpflichtung gegenüber einer Nation, einem Volk, gegenüber Dievs und dem Leben selbst. Unser letztes *daina*:

Mein Landsmann! Sprich die rechten Worte, folge dem rechten Weg!
Dann wird Dievs höchstselbst dir helfen, daß du niemals dich verirrst.

---

[26] Der lettische Kreis der ewigen Wiederkehr besteht aus 1. dem Stand der Sonne am Himmel, 2. den Lebens-, Wachstums- und Fruchtbarkeitszyklen und 3. der sie begleitenden Arbeit in den Feldern und den Heimstätten. Janis Dardedzis′ *Latvian Religion* (S. 40-43) gibt eine Beschreibung der Festtage zu diesen wiederkehrenden Zyklen.

[27] Mit einem Spiel ist hier ein strukturiertes, gemeinschaftlich interaktives Regelwerk gemeint, mit dem sich die Gemeinde (oder ein Teil von ihr) arrangieren kann. Unter allen Spielen der Menschen ist das religiöse Spiel eines der edelsten und ehrfürchtigsten.

Die eigentliche Metaphysik
Metaphysik des Eigentlichen

Wie bereits erwähnt fanden die alten Letten keine Rechtfertigung für die Geschehnisse in ihrem Leben in einer transzendenten, abstrakten Wirklichkeit jenseits dieser Welt[28]. Das Leben war, und ist es für viele von uns noch heute, seine eigene Rechtfertigung. Deshalb ist das höchste Ziel, mit dem Mikro- und dem Makrokosmos und den anderen Mitgliedern der Gesellschaft in Einklang und voller Tugenden und Güte zu leben. All dies findet sich in den Pflichten, die uns Mutter Schicksal/*Laimė* selbst auferlegt hat. Das Leben besteht aus Fleiß und Pflichten – uns selbst, anderen und Dievs gegenüber.

Die Letten mochten es nie und mögen es bis heute nicht, ihre tiefsten Überzeugungen in komplizierten Abstraktionen und in analytischer Sprache auszudrücken. Die Verbindung zur Wirklichkeit und ihre Interpretation ist metaphorisch niedergelegt in den kurzen Versen der *dainas*.

Die alten Letten und die Dievturi sagen von sich selbst, daß sie aus drei Teilen bestehen: dem Körper, der Seele und der *vėlės*[29]. Nach dieser Dreiteilung des Selbst kehrt der physische Körper zu Mutter Erde/*Mara* zurück und die Seele vereinigt sich mit dem kosmischen Geist/Dievs. Die *vėlės*, Mittlerin zwischen Körper und Seele, würden wir heute den Energiekörper nennen – der eigentliche Berührungspunkt zwischen Materie und Energie. Er löst sich nach dem physischen Tod nicht auf und kann als hochfrequente Schwingung zurückkehren zur physischen Ebene (tatsächlich aber ist das Schwingungs-Kraftfeld nie verschwunden). Wenn sich das nach modernem Spiritualismus oder Channeling[30] anhört, dann sollte man einmal die popularisierten Interpretationen der neuesten Theorien der modernen Kernphysik lesen[31].

Wie bereits erwähnt fanden und finden die alten Letten und die Dievturi den Sinn des Lebens in einem tugendhaften, arbeitsamen und pflichterfüllten Leben. Es gibt nichts, wovor man bewahrt werden müßte, nichts zu bereuen und keine Sünde zu sühnen. Ein jeder Mensch tritt als gutes Wesen ins Leben und entscheidet über sein weiteres Schicksal innerhalb der auferlegten Grenzen der Natur/ *Laimė* selbst.

Schluss

Wie jeder Artikel, der eine spezifische Religion zu beschreiben versucht, enthält auch diese kurze Abhandlung mehr Aussparungen als Detailbeschreibungen. Des weiteren ist die vorangegangene Beschreibung dieser Religion lediglich die Interpretation des Verfassers, denn schließlich gibt es in der lettischen Religion keine unveränderbaren Dogmen.

Jede Kultur und jedes einzelne Individuum innerhalb dieser Kultur hat eine andere Auslegung von der Wirklichkeit. Ursprünglich waren die Letten ein Landwirtschaft betreibendes Volk, und erst vor kurzer Zeit wurde Lettland gezwungenermaßen zu einem Industriestaat. Bei aller Hochachtung vor der Religion bleibt dennoch die Frage: „Können die alten Werte und Götter unserem Leben im 21. Jahrhundert noch immer eine Richtung und Bedeutung geben?"

Meine bejahende Antwort auf diese Frage begründet sich auf den neuen, paradigmatischen Veränderung in den physikalischen und sozialen Wissenschaften, wie sie in der Einleitung dargestellt wurden, nämlich:

A. *Die Veränderung vom Teil zum Ganzen...* Die alten Letten haben immer gewußt, daß alle Naturphänomene in verzwickter Weise voneinander abhängig sind und daß soziale Wechselwirkungen nicht von ihren physi-

---

[28] Das Wort für "Welt" ist im Lettischen "pasaule" und bedeutet "unter der Sonne". Deshalb sprechen die Letten auch von "dieser Sonne" und "jener Sonne", um die bekannte alltägliche Realität von derjenigen zu unterscheiden, die jenseits des letzten Übergangsritus bestehen könnte. Einst war "jene Sonne" eine unbestrittene Wirklichkeit, für den modernen Dievturis hingegen ist sie mehr zu einem Wechsel der Energieformen in der Materie/Geist-Beziehung geworden – und auch das ist ein unbekannter Zustand und existiert nur in einer metaphorischen Wirklichkeit.

[29] Nicht alle Letten nehmen eine solche Dreiteilung vor. Die Ägypter, Griechen und andere altertümliche Kulturen hatten eine ähnliche Vorstellung. In der modernen Bewußtseinsforschung würde das ungefähr der physischen, astralen und mentalen Energieebene entsprechen.

[30] Kontaktaufnahme mit Verstorbenen

[31] *Perceiving Ordinary Magic* (Boulder, 1984) von Jeremy W. Hayward; *Quantum Questions* (Boulder, 1984) Hrsg. Ken Wilber; *Physics for Poets* (Chicago, 1978) von Robert H. March; und der Klassiker *The Tao of Physics* (Berkeley, 1975) von Fritjof Capra.

schen Gegenstücken isoliert werden können in einem eng zusammenhängenden Netz aus dynamischen Beziehungen.

B. *Die Veränderung von objektivem Wissen zu demjenigen, das vom menschlichen Beobachter abhängt...* Dies stimmt überein mit dem Wertesystem und der Erkenntnislehre eines jeden Einzelnen. Die Welt und das Universum sind wertfrei. Die Ethik und die Erkenntnisse hängen von der Situation ab, und jegliche Verantwortung liegt zu Lasten des Einzelnen. Sei weise, gerecht, fleißig, liebevoll und mitleidig!

C. *Die Veränderung von grundlegenden Gesetzen zu einem Netzwerk aus Beziehungen...* Noch heute betonen die *dainas* die Ehrfürchtigkeit, die Zauberhaftigkeit und die unerklärliche Mystik des Daseins. Unser Wohlbefinden ist nicht angeboren und unveränderlich, sondern wird durch unser kulturell bestimmtes Verhalten beeinflußt.

D. *Die Veränderung von Wahrheit zu ungefährer Beschreibung...* Es gibt keine unverrückbaren Wahrheiten und/oder Absolutes in der lettischen Tradition. Die Wechselwirkung zwischen Geist und Materie befindet sich in ständiger Veränderung. Nur dadurch werden Entdeckungen, Entwicklungen und neue Wirklichkeitsauslegungen möglich. So werden zum Beispiel die Namen der alten Gottheiten und personifizierten Phänomene in dieser sich ständig verändernden Welt bedeutungslos. Wie auch immer die Wirklichkeit und ihre Gesetze gerade genannt werden, für die Dievturis ist es Dievs. Wie auch immer die „physikalische Materie" von der grundlegenden Terminologie abgetrennt wird, für uns ist es einfach *Mara*. Wie auch immer man die Gesetzmäßigkeiten der Kraftfelder nennt, die unsere Existenz bestimmen, wir können sie *Laime*/Schicksal nennen, und so kann es ewig weiter gehen...

E. *Die Veränderung von Struktur zu Weiterentwicklung...* In der alten lettischen Religion betrachtete man die ganze Welt als einen einzigen, lebenden Organismus – vom Grashalm bis zur gesamten Sternenfamilie. Das spiegelt eine veränderbare Entwicklung des lebendigen Glaubens wider. Und genau das besagt auch die Theorie von *Gaia*, dem globalen Verstand, des sich selbst organisierenden Universums und des universellen Bewußtseins[32].

F. *Der Wechsel von Herrschaft und Kontrolle über die Natur zu gemeinsamem Wirken und Gewaltlosigkeit...* Die gesamte Gesinnung der *dainas* und der alten, lettischen Kultur betont genau diesen Satz. Noch nie zuvor in der Weltgeschichte hatten wir eine gewaltlose, matriarchalische und achtsame Haltung der Welt und einander gegenüber so nötig, wie heute.

Die Fundamentalisten und Verfechter des Christentums werden die lettische Religion wahrscheinlich für heidnisch, pantheistisch und polytheistisch halten, und in vielerlei Hinsicht behalten sie damit sogar Recht. Sie dafür zu verurteilen, wäre allerdings in einem pluralistischen, auf Tatsachen begründeten Informationszeitalter extrem problematisch. Wer will uns denn sagen, ob unsere moderne, wissenschaftliche Zeit mit all ihren Antworten ein besseres Musterbeispiel zum Überleben und Wohlbefinden bieten kann, als die immerwährende Weisheit und das Wertesystem der heiligen *dainas*!

Zum Fest der Göttin Milda

[32] Zwei exzellente wissenschaftliche Abhandlungen zu diesem Thema sind Ilya Prigozines *Order Out of Chaos* (New York, 1984) und Erich Jantschs *The Self-Organizing Universe* (Oxford, 1980).

Anhang

Die Teilnehmer des WCER vor der Statue des Gediminas

Der Weltkongress der ethnischen Traditionen in Vilnius

Während des *Rasa* Festes (Sommersonnwende) im Jahre 1998 trafen sich Vertreter vorchristlicher oder heidnischer Glaubensrichtungen aus Europa, den Vereinigten Staaten und Indien in Vilnius. Derartige Gruppierungen gibt es in nahezu allen europäischen Ländern und auch auf anderen Kontinenten. Dieses Ereignis ist ein Zeichen dafür, daß sich die Zeit der kulturellen Abgrenzung für die Anhänger der traditionellen Glaubensrichtungen ihrem Ende entgegen neigt, und die Umstände sind günstig, die Hindernisse für eine bessere Kommunikation zwischen ihnen aus dem Weg zu räumen.

Wie kam es nun zu dieser internationalen Versammlung in Vilnius? Der gute Wille der Teilnehmer und die Initiative der Organisatoren waren zwar sehr wichtig, jedoch nicht ausreichend. Die Geschichte der Stadt Vilnius und des Landes Litauen beeinflußte die Wahl des Treffpunktes. Lange vor dem 2. Weltkrieg erlangte der Gedanke Zuspruch, Litauen sei ideal gelegen, um als Mittler zwischen Ost und West zu agieren, zwischen Altem Glauben und Christentum. Das kulturelle Erbe der Balten könnte man auch als kulturelle Brücke betrachten – eine Kultur mit eindeutigen Merkmalen, und dennoch enthält sie Elemente östlicher wie auch westlicher Kulturen. Die allmähliche Verschmelzung von Kulturen ist ein wesentlicher Bestandteil der Geschichte. Die Überlieferung von Vilnius als Weltstadt, in der alle Religionen dieselbe Berechtigung haben, reicht zurück bis zu Gediminas´ Zeiten. Gediminas war ein heidnischer, litauischer Herrscher im 14. Jahrhundert, der ein Exempel statuierte, was Toleranz und Aufklärung anging. Bereits zur damaligen Zeit erklärte er, daß Heiden, Katholiken und orthodoxe Christen grundlegend dieselbe Göttlichkeit anbeteten – nur jeweils in einer anderen Gestalt. Er sprach all seinen Untertanen religiöse Freiheit zu und verteidigte Litauen beharrlich gegen christliche Kreuzritter, die sein Volk gewaltsam zu bekehren trachteten. Er lud viele verschiedene Völkergruppen dazu ein, Vilnius zu besuchen und sich dort niederzulassen. Sein Beispiel zeigte, daß Heidentum ein durchaus tolerantes Glaubenssystem sein kann. Die Etablierung des Christentums schmälerte diese aufgeklärte Tradition, konnte sie jedoch niemals gänzlich verdrängen. Einige Jahrhunderte mußten ins Land gehen, ehe Gediminas´ Tradition wieder Einfluß erlangen konnte. 1996 errichtete man eine Statue dieses heidnischen Herrschers auf dem Domplatz in Vilnius. Die Romuva Bewegung unterstützte dieses Projekt aktiv und war zu seiner Einweihung zugegen. Um das Andenken Gediminas´ zu ehren, legte man während der Eröffnungszeremonie des Internationalen Treffens Ethnischer Religionen im Juni 1998 Blumen nieder und sprach Dankesworte an diesen toleranten, heidnischen Herrscher.

Die baltische Glaubensgemeinschaft Romuva hatte bereits Erfahrungen darin, mit Gleichgesinnten in Kontakt zu treten und mit ihnen zu kommunizieren und ergriff die Initiative, diese internationale Versammlung einzuberufen. Die lebendigste Kommunikation bestand zwischen den benachbarten Ländern: Litauen, Lettland und Weißrußland. 1997 fand in Užpaliai (Litauen) ein Treffen statt, an dem Repräsentanten der baltischen Länder und Anhänger der einheimischen Glauben aus Osteuropa, Rußland, der Ukraine und Polen teilnahmen. Die dort gefestigten Kontakte zeigten, daß die "heidnischen" Bewegungen eine gemeinsame Zielsetzung haben. Allerdings zeigten sie auch, daß zwischen den verschiedenen Gruppen interessante Unterschiede bestanden. Es wurde klar, daß man voneinander lernen und Erfahrungen austauschen konnte. Zur gleichen Zeit erhielt man Informationen darüber, daß die Gemeinden der westlichen Heiden zunehmend zusammen arbeiteten. So intensivierte sich zum Beispiel der Austausch zwischen dem Heidnischen Verband Englands und den Anhängern des alten isländischen Glaubens, den *Asatru*. Nun wurde deutlich, daß die Zeit gekommen war, eine Versammlung einzuberufen, an der Repräsentanten der überlieferten Glauben Ost- und Mitteleuropas teilnehmen sollten. Romuva ergriff dann diese Initiative und rief zum "Weltkongress der einheimischen Religionen". Das Wort "Welt" wurde gewählt, um das Gemeinsame der Traditionen und Kulturen zu betonen und deutlich zu machen, daß diese Bewegung allen offensteht, die sich für überlieferte Glaubenssysteme interessieren.

Die Versammlung verfolgte mehrere Ziele: 1. miteinander bekannt zu werden und Probleme und Ideen auszutauschen; 2. eine Vereinbarung für die weitere Zusammenarbeit zu finden und eine Organisation zu gründen.

Der Kongreß wurde in Kernavė eröffnet – der ersten Hauptstadt des heidnischen, litauischen Staates. Am 20. Juni wurde dort das *Rasa* Fest gefeiert. Der Ort und das Fest sind für die Romuva von großer Bedeutung, denn dort gründete sich 30 Jahre zuvor die Romuva Gemeinschaft. Für die meisten Gäste war dies die erste Begegnung mit Litauen und der Romuva.

Am 22. Juni wurde die Konferenz in Vilnius fortgesetzt. Sie wurde im Hauptsaal des Gebäudes der Lehrer-Vereinigung abgehalten, einer der größeren Versammlungsorte in Vilnius. Die Konferenzteilnehmer wurden vom Vizepräsidenten des litauischen Parlaments Romualdas Ozolas willkommen geheißen. Der Saal war randvoll, und die Teilnehmer bekamen die einmalige Gelegenheit, sich mit den Anhängern des einheimischen Glaubens aus verschiedensten Ländern bekannt zu machen und auszutauschen. Ihre Berichte präsentierten sie dann während der zwei folgenden Tage.

Am Ende der Konferenz entschieden die Repräsentanten der verschiedenen ethnischen Organisationen, einen gemeinsamen Dachverband zu gründen. Durch Stimmenmehrheit erhielt dieser den Namen "World Congress of Ethnic Religions" – WCER. Man bestimmte außerdem Vilnius zum Sitz der Vereinigung und vertraute der Romuva die Koordinierung ihrer Aktivitäten an. Die Konferenz schloß mit dem Entwurf der folgenden Erklärung, die danach per e-mail weitergeleitet und verfeinert wurde.

Jonas Trinkūnas

Der isländische Hohepriester Jormundur Ingi vor dem Ragutis Schrein in der Altstadt von Vilnius

Die Erklärung des WCER

Wir, die Delegierten des Weltkongresses ethnischer Religionen, der vom 20. bis zum 24. Juni in Vilnius, Litauen, abgehalten wurde, haben uns versammelt, um unserer Verbundenheit mit den ethnischen, eingeboren, einheimischen und/oder traditionellen Religionen Europas und anderer Gebiete der Welt kundzutun.

Alle Kulturen und auch alle einheimischen Religionen und Glauben sollten gleich bewertet und respektiert werden. Jede Region und jedes Volk hat seine eigenen bezeichnenden, regionalen Traditionen (einheimischer Glaube, Weltanschauung, Mythologie, Folklore, etc.), die Ausdruck ihrer Liebe zu ihrem Land und ihrer Geschichte sind und eine Hochachtung vor der Heiligkeit allen Lebens und der Göttlichkeit der Natur pflegen. Wie auch die Natur nur durch eine Artenvielfalt überleben kann, so muß es auch der Menschheit erlaubt sein, frei und ohne Eingriffe eine große Vielzahl kultureller Stile zu entwickeln.

Nach unserer alten, traditionellen Ethik müssen die Erde und die Schöpfung geachtet und geschützt werden. Wir Menschen müssen unseren Platz innerhalb dieses lebendigen Gewebes finden, nicht außerhalb und abgesondert von der übrigen Schöpfung.

Wir alle haben ein gemeinsames Verständnis von unserem Platz in der Welt, das auf unserer gemeinsamen historischen Erfahrung von Unterdrückung und Intoleranz basiert. Ethnische und/oder "heidnische" Religionen mußten in der Vergangenheit großes Unrecht und Zerstörung erleiden durch Religionen, die behaupteten, sie würden die einzige Wahrheit verkünden. Es ist unser aufrichtiger Wunsch, in Frieden und Einklang leben zu dürfen und mit den Anhängern andenen Religionen, Glauben und Vorstellungen zusammenzuarbeiten.

Wir glauben, daß der Anbruch einer neuen Ära der individuellen und intellektuellen Freiheit und des weltweiten Austausches von Ansichten und Informationen uns die Möglichkeit gibt, zu unseren eigenen, einheimischen spirituellen Wurzeln zurückzufinden und unser religiöses Erbe wiederzuerlangen. Wir verehren die Natur, gerade so, wie es die Menschheit während des größten Zeitraumes ihrer Geschichte getan hat.

Wirklich einheimische Religionen sollten uns Liebe und Respekt vermitteln für all die Dinge, die wir um uns herum wahrnehmen, uns alle Arten der Verehrung respektieren lassen, die ein Ausdruck aufrichtiger Gefühle, reiner Gedanken und großmütigen Verhaltens sind – in jedem Augenblick unseres Lebens und allen Dingen gegenüber, die auf der Welt existieren.

Laßt uns stolz sein auf die Wiedergeburt unserer ethnischen Religionen. Unser neuer Universalismus bewegt die Menschen dazu, sich nicht weiterhin hinter ihren Mauern aus Haß und Eifersucht auf alle, die sich außerhalb befinden, zu verschanzen.

Laßt uns diese Mauern niederreißen, damit wir uns über den Horizont und die Einblikke der gesamten Menschheit ausdehnen können.

Wir haben den Weltkongreß der ethnischen Religionen (WCER) gegründet, um allen ethnischen Religionsgruppen bei ihrem Überleben und der Verständigung miteinander behilflich zu sein. Unser Motto lautet "Einheit in der Vielfalt".

Oyvind SILJEHOLM ARNESEN (Norwegen), Hans BERGHMANS (Belgien), Janis BRIKMANIS (Lettland), Denis DORNOY (Frankreich), Audrius DUNDZILA (USA), Arwind GHOSH (Indien), Morten GROLSTED (Dänemark), Surinder Paul ATTRI (Indien), Vadim KAZAKOV (Rußland), Stefan KLUGE (Deutschland), Todor KASHKUREVICH (Weißrußland), Koenraad LOGGHE (Belgien), Giuseppe MAIELLO (Tschechien), Halina LOZKO (Ukraine), Geza von NEMENYI (Deutschland), Stashko POTRSHEBOVSKI (Polen), Vlasis RASSIAS (Griechenland), Rajinder SINGH (Indien), Nikolai SPERANSKIJ (Rußland), Michael STRMISKA (USA), Jonas TRINKUNAS (Litauen), Lila WIBERG (Schweden), Catrin WILDGRUBE (Deutschland)

Vilnius, Litauen,

23. Juni 1998

Der WCER beschäftigt sich vor allem mit dem Schutz und der Entfaltung der ethnischen Kulturen und Identitäten. Unserer Ansicht nach bezieht sich der Terminus "ethnisch" auf Religionen und Kulturen, die zur besonderen Kosmologie eines Volkes gehören, wie sie in kulturellen und sozialen und auch in Ahnenbegriffen zum Ausdruck kommt. Wir berücksichtigen auch, daß die Identität eines Volkes sich aus mehreren Faktoren zusammensetzt.

In der Geschichte wurden Menschen aus anderen ethnischen Umgebungen in eine neue aufgenommen, wenn sie denn deren Glauben und Ansichten übernahmen, die den größeren Bestandteil der Identität dieser Menschen bildeten. Wenn wir auch der Überzeugung sind, daß jeder Mensch in seiner eigenen Kultur die besten Möglichkeiten hätte, das Gleichgewicht mit dem göttlichen Aspekt wiederherzustellen, so soll das jedoch niemanden von unseren Aktivitäten ausschließen.

Der WCER spricht sich ausdrücklich gegen Diskriminierung, Unterdrückung und Verfolgung aufgrund von Rasse, Hautfarbe, sozialem Stand, Religion oder nationaler Abstammung aus.

2. Erklärung des WCER

25. Oktober 1998

Reisetagebuch Baltikum

Im Sommer des Jahres 2001 brachen mein Fahrtenbruder Enzo Boretti und meine Wenigkeit zu einer dreiwöchigen Fahrt durch das Baltikum (Litauen, Lettland, Estland) auf, um unter anderem Kontakt zu dort beheimateten heidnischen Gruppierungen und Einzelpersonen zu knüpfen. An dieser Stelle folgt nun ein Auszug aus meinem Reisetagebuch:

Nach einer circa 26-stündigen Schiffsreise mit der Kieler Fähre erreichen wir am Abend des 10. Brachmond/Juni die litauische Hafenstadt **Klaipėda** (Memel). Nachdem wir ohne Schwierigkeiten den Zoll passiert haben, fahren wir mit unserem himmelblauen R4-Kastenwagen weiter zur **Kurischen Nehrung**. Dort besichtigen wir in **Juodkrante** (Schwarzort) den sogenannten **Hexenberg** (Raganu Kalnas). Diesen Berg, der nach unseren Maßstäben wohl eher als Hügel bezeichnet werden muß, schmücken rund einhundert überlebensgroße holzgeschnitzte Hexen- und Teufelsfiguren, die von verschiedenen litauischen Künstlern geschaffen wurden. Die Figuren sind aber nicht nur zum Anschauen gedacht, auf einigen davon dürfen Kinder nach Herzenslust herumklettern und -tollen.

Am nächsten Morgen brechen wir nach **Nida** (Nidden), dem wohl bekanntesten Ort auf der Kurischen Nehrung, auf. Hier haben sich eine ganze Reihe malerischer Holzhäuser erhalten, wie sie für das Memelland einst typisch waren und hier verbrachte bereits in den 1930er Jahren der deutsche Schriftsteller **Thomas Mann** seine Sommerferien. Unweit von Nida befinden sich die höchsten Sanddünen Europas, die zuweilen auch als **„Litauische Sahara“** bezeichnet werden. Die riesigen weißen Sanddünen sind in der Tat sehr beeindruckend, und wer schon einmal in der Sahara war, der weiß, daß dieser Vergleich gar nicht mal so weit hergeholt ist. Gegen Mittag verlassen Enzo und ich wieder die Nehrung und fahren, nachdem wir in Klaipeda einige Einkäufe getätigt haben, zum **Zemaitijos-Nationalpark**, wo wir in einem Jugendgästehaus ein geeignetes Nachtquartier finden.

Nachdem Enzo und ich zwei Tage in **Palanga**, einem pulsierenden Badeort, der etwa 25 Kilometer nördlich von Litauen liegt, verbracht haben, fahren wir am Morgen des 14. Brachmond weiter nördlich Richtung lettische Grenze. Diese passieren wir gegen Mittag. Am Nachmittag schauen wir uns die lettischen Küstenstädte **Liepaja** (Libau) und **Ventspils** (Dünaburg) an. Gegen Abend errichten wir inmitten der ursprünglichen Natur unser Nachtlager.

Am darauf folgenden Tag geht es über schnurgerade Schotterpisten nach **Kolkas Rags**, dem rauhen Kap, an dem sich die offene Ostsee und der Rigaer Meerbusen scheiden. Hier lassen wir uns die Seebrise um die Nase wehen und halten nach Schiffen Ausschau, die um das Kap herum in Richtung Riga dampfen. In **Roja,** einem kleinen Fischerort, der nur wenige Minuten von Kolkas Rags entfernt liegt und sogar mit einem kleinen Meeresmuseum aufwarten kann, setzen Enzo und ich uns in eine Kaffeebar und schreiben einige Postkärtchen an unsere Lieben in der Heimat. In einem dicht verwachsenen Urwald im Hinterland schlagen wir gegen Abend unser Zelt auf.

Nun fahren wir an der Küste entlang, über **Jurmala**, ein renommierter Badeort vor den Toren Rigas, in die lettische Hauptstadt. In **Riga** lassen wir es uns nicht nehmen, den gefallenen lettischen Freiheitskämpfern zu gedenken, indem wir an der **Freiheitsstatue** im Zentrum der Innenstadt schweigend einige Blumen niederlegen. 1935 war diese Statue feierlich eingeweiht worden und wurde in den Jahrzehnten der sowjetischen Besatzung zu einem zum Symbol des Strebens der Letten nach volklicher Souveränität. Gegen Nachmittag fahren wir weiter nach **Sigulda** (Segewold), dem Herzstück des **Gauja-Nationalparks**.

Enzo und ich errichten in Sigulda unser Lager für die nächsten zwei Tage. Die wichtigste Sehenswürdigkeit in Sigulda ist ohne Zweifel die **Bischofsburg Turaida**. Sie wurde 1214 an der Stelle errichtet, wo sich bis dahin die hölzerne Großburg des Livenfürsten **Kaupo** erhob. Die Liven waren ein finno-ugrischer Volksstamm, der in seiner überwie-

Der Burgwall von Maisiejunai

genden Mehrheit treu zum heidnischen Götterglauben stand und sich der ins Land drängenden Ordensritter tapfer erwehrte. Fürst Kaupo trat jedoch aus Machtkalkül zum Christentum über und trat in die Dienste des Rigaer Bischofs. Seine Untertanen wollten sich mit dem Verrat ihres Führers allerdings nicht abfinden und jagten Kaupo aus seiner Burg. Der lief zu den Ordensrittern über und verriet ihnen die geheimen Zugänge zur Burg. So fiel die stolze Livenburg und auf ihren Überresten entstand nur kurze Zeit später die bischöfliche Trutzburg aus rotem Backstein. Im Innern der Burg befindet sich heute ein überaus sehenswertes Museum, das der Kultur und der Geschichte der alten Liven gewidmet ist.

Nach unserem Aufenthalt in Sigulda fahren wir über **Cesis** (Wenden) weiter nach **Valmiera** (Wolmar). Dort treffen wir **Valters Grivins** und **Ojars Ozolins** von der **Dievturiba**, der heidnischen Bewegung Lettlands. Nach der Besichtigung der Ruine der einstigen Ordensburg von Wolmar geht es weiter Richtung Estland. Obwohl die Esten heute zu den Balten gezählt werden, sind sie es streng genommen nicht. Die Esten zählen, ebenso wie die Liven, zur Völkerfamilie der Finno-Ugrier. Sie sind also mit den Finnen und Ungarn verwandt. Gegen Abend passieren Enzo und ich die Grenze zu Estland und quartierten uns kurzerhand für die Nacht in einer leerstehenden Holzhütte in **Häädemeste** ein.

Am nächsten Morgen geht es weiter Richtung Norden nach **Pärnu** (Pernau), dem nördlichen Wendepunkt unserer Reise. Dieser Kur- und Hafenort an der Bucht von Pärnu ist mit 54.000 Einwohnern die fünftgrößte Stadt Estlands. Der Ort geht auf eine Ordensburg zurück, mit deren Bau im Jahr 1234 begonnen wurde. Um sie herum entstand die Siedlung Vana-Pärnu (Alt-Pernau), die jedoch schon zwei Jahre später von den heidnischen Litauern, die sich den Missionierungsversuchen des Deutschen Ordens tapfer widersetzten, dem Erdboden gleichgemacht wurde. Die Nachfolgesiedlung Uus-Pärnu (Neu-Pernau) trat der Hanse bei und erlebte schon bald einen enormen wirtschaftlichen und zivilisatorischen Aufschwung. Gegen Nachmittag müssen wir wieder in südwestliche Richtung aufbrechen, da wir für den 20. Brachmond/Juni in **Vilnius** (Wilna) von **Jonas** und **Inija Trinkūnas** von der **Romuva**, der heidnischen Glaubensgemeinschaft Litauens, erwartet wurden.

Zwei Tage später erreichen Enzo und ich, wie geplant gegen Abend, das Hauptquartier der Romuva in Vilnius. Dort werden wir von Jonas und Inija sehr herzlich empfangen. Man lädt uns zu Tisch und bewirtetet uns mit einem traditionellem litauischen Gastmahl, das aus gebratenem Fisch, roter Beete und Honigschnaps besteht. Die Romuva wurde bereits vor über 30 Jahren von Jonas Trinkūnas als Brauchtumsverein gegründet. Den sowjetischen Besatzern war dieses Engagement keineswegs recht, und so wurde der Sprachforscher Trinkūnas vom Universitätsbetrieb ausgeschlossen. Nach der Wiedererlangung der staatlichen Souveränität Litauens im Jahre 1993 wurde Trinkūnas rehabilitiert. 1997 wurde Jonas Trinkūnas für sein Engagement zur Wiederbelebung des vorchristlichen Glaubens vom litauischen Kultusministerium mit dem **Jonas-Basanavicius-Preis** ausgezeichnet.

Am nächsten Morgen bummeln Enzo und ich durch die Altstadt von Vilnius. Hier befindet sich unter anderem ein dem baltischen Fruchtbarkeitsgott **Ragutis** geweihter Opferstein, dessen Name soviel wie „Horngott“ bedeutet. Den Opferstein hatte man bei Ausgrabungen gefunden und mit maßgeblicher Hilfe der Romuva wiedererrichten lassen. An diesem Stein vollziehen Enzo und ich, zum Erstaunen der anwesenden Passanten, eine kleine Opferzeremonie zu Ehren Ragutis‘. Anschließend besuchen wir das erst kürzlich eröffnete **Museum für Vorgeschichte**. Die in diesem Museum ausgestellten Funde legen ein Zeugnis von der hochentwickelten Kultur der Balten vor der Ankunft der christlichen Missionare ab, und widerlegen eindeutig die immer wieder auftauchende These, dass erst die Ritter des Deutschen Ordens das Baltenland kultiviert hätten.

Am Freitag, den 22. Brachmond steht ein Ausflug nach **Trakai** und **Kaunas** (Kauen) auf dem Programm. Der Ort Trakai liegt 27 Kilometer südöstlich von Vilnius in einem malerischen Seengebiet. Bereits im 12. Jahrhundert war Trakai eine befestigte Siedlung und im 13. Jahrhundert eine Stadt. Der heidnische **Großfürst Gediminas** (1275 – 1341) machte die Stadt zur Hauptstadt des Fürstentums Litauen. Hauptattraktion von Trakai ist unumstritten die **gotische Wasserburg** aus rotem Backstein, die sich malerisch in die Landschaft aus Wald und Wasser einfügt. Kaunas ist mit annähernd einer halben Million Einwohnern die zweitgrößte Stadt in Litauen. Neben einer ganzen Reihe sehenswerter

Der Ragutisschrein im Zentrum der Altstadt von Vilnius

Bauwerke gibt es hier ein **Teufelsmuseum** zu bestaunen. Die wohl weltweit einzigartige Sammlung von Teufelsfiguren wurde vom litauischen Volkskünstler **Antanas Zmuidzinavicius** (1876 – 1966) zusammengetragen.

Den Höhepunkt unserer Reise stellt zweifelsohne das **Rasa-Fest** (Sommersonnenwende) dar, das in der Nacht vom 23. auf den 24. Brachmond/Juni gefeiert wird. Das Fest wird in **Kernavė** (knapp 50 km nordwestlich von Vilnius) gefeiert. Der malerische Ort an der Neris wurde in der Livländischen Chronik bereits 1279 als Stammland des Großfürsten **Traidenis** (Regierungszeit 1270 – 1282) erwähnt und gilt daher als die erste Hauptstadt Litauens. Auffällig sind die verschiedenen „Schüttburgen", das sind künstliche Hügel, die einst für Befestigungsanlagen aufgeschüttet wurden. Auf diesen Hügeln sollen später die Mittsommerfeuer entzündet werden. Zu der Feier haben sich circa eintausend (!) Personen eingefunden. Viele Teilnehmer tragen ihre regionalen Trachten. Gegen Sonnenuntergang schreiten alle Festteilnehmer, angeführt von der heidnischen Folkloregruppe **Kulgrinda**, durch ein grüngeschmücktes Holztor zu einem Wall, von dem man die untergehende Sonne beobachten kann. An dieser Stelle wird mit rituellen Gesängen die Sonne (litauisch: Saulė) verabschiedet. Anschließend finden auf den Hügeln gemeinsame Reigentänze statt. Außerdem werden verschiedene Mittsommerbräuche, z.B. Kräuter- und Blumenorakel, zelebriert. Nach einer kurzen Nacht, in der viel getanzt, gegessen, getrunken, geliebt und gelacht wurde, begrüßt man zur Morgendämmerung auf einem der Hügel die aufgehende Sonne mit rituellen Tänzen und Gesängen. Ein unvergessliches Erlebnis!

Nachdem wir noch ein paar Tage die Gastfreundschaft von Jonas und Inija genießen durften, treten Enzo und ich am Donnerstag nach der Sonnenwende die Rückreise an. Durch das einstige Masuren, Ostpreußen und Pommernland fahren wir mit unserem wakkeren R4-Kastenwagen der Heimat entgegen.

Leif-Thorsten Kramps

Žemaitiu alka

Ein žemaitisches Heiligtum

Während der Erforschung des Berges Birute in Palanga im Jahre 1989, entdeckten Archäologen Pfahlstümpfe, die man in einer bestimmten Ordnung niedergelegt hatte. Später fanden Wissenschaftler heraus, daß dies im 14. Jahrhundert ein Ort für astronomische Beobachtungen war. Unsere Ahnen beobachteten damals den Lauf der Sonne und des Mondes am Himmel. Ihre größeren Feiertage, an denen sie ihren Göttern opferten, richteten sie danach, wie die Sonne im Meer versank. Sie entfachten große Feuer, um ihren Lieben draußen auf dem Meer den Weg zu leuchten.

Leider ist es nicht gelungen, diese paleoastronomische Sternwarte auf dem Birute Berg wiederherzustellen. Auf die Initiative des Zemaitischen Kultur Vereins Palanga entschied man, es in Sventoji wieder aufzubauen. Man wählte dafür eine 6,5m hohe Düne am Meer. Man erhöhte sie um einige weitere Meter und schuf eine Neigung von 13% zum Meer hinab.

Die ersten vier Pfähle, geschnitzt von Volkskünstlern, wurden dort am 20. Juni 1998 errichtet. Am Abend dieses Tages bereits konnten die Teilnehmer des Rasa Festes durch den Sonnen- und den Venuspfahl hindurch die Sonne im Meer versinken sehen. Die übrigen sieben Pfähle wurden am 28. August errichtet. Nun ist es mit der Hilfe der Pfähle wieder möglich, die großen Feiertage der Balten zu ersehen: Weihnachten, Fasnachtsdienstag, Storchentag (Gandro diena), Patrimpas, Milda (Liebe), Rasa, etc.

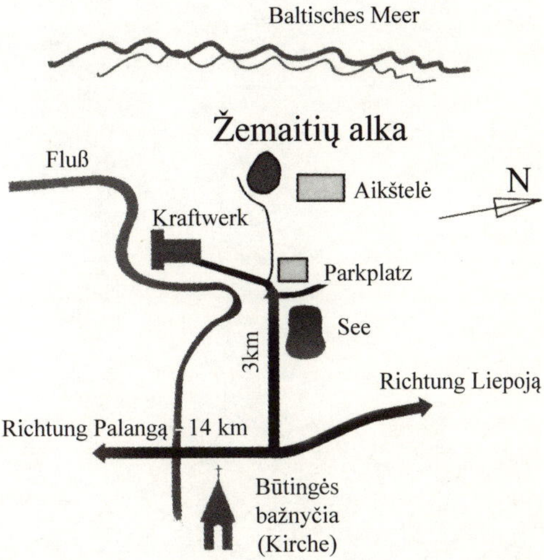

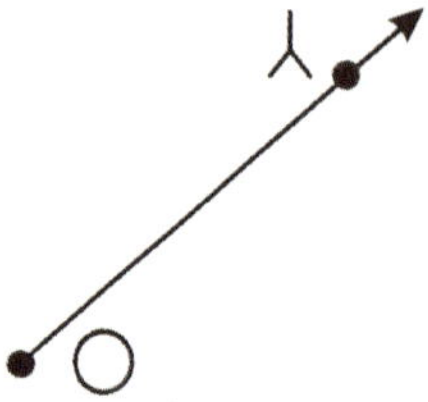

Rasa oder Kupole ist das beliebteste Fest der Balten. An diesem Tag sammeln die Menschen ein Bouquet aus neun verschiedenen Kräutern von den Feldern, winden Kränze, entfachen Feuer, prophezeien die Zukunft, indem sie Kränze ins Feuer werfen oder sie im Fluß schwimmen lassen, suchen nach Farnblüten und beobachten den Sonnenaufgang.

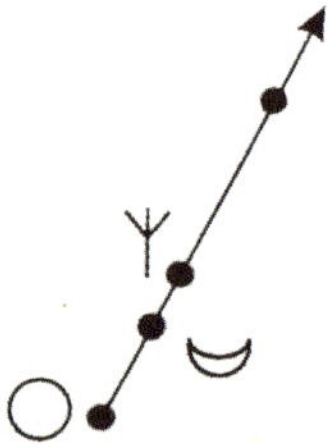

Am 23. April feierten die Kurländer, die Zemaiten und die Pruzzen die Ankunft des Frühlings – Patrimpas. An diesem Tag ließ man das Vieh wieder auf die Weiden. Die Menschen opferten dann den Göttern und baten um eine bessere Ernte und um einen größeren Fang auf dem Meer. Am 22. August feierten sie dann den St. Rokas Tag – die Rückkehr der Sonne.

Am 23. April feierten die Kurländer, die Zemaiten und die Pruzzen die Ankunft des Frühlings – Patrimpas. An diesem Tag ließ man das Vieh wieder auf die Weiden. Die Menschen opferten dann den Göttern und baten um eine bessere Ernte und um einen größeren Fang auf dem Meer. Am 22. August feierten sie dann den St. Rokas Tag – die Rückkehr der Sonne.

Lageplan der Stelen im Heiligtum

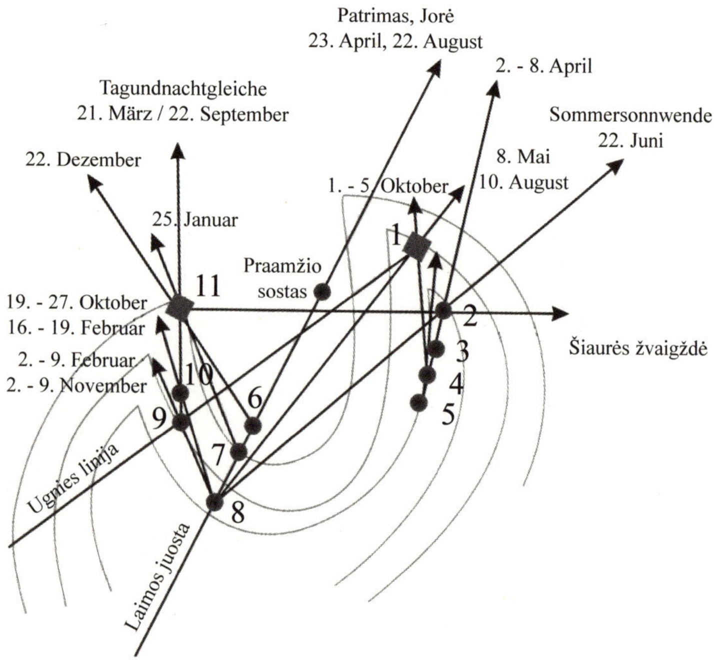

Beschreibungen der Stelen

Nr. im Lageplan	Stele bzw. Göttername		Rune
1	Perkūnas	Donner	
2	Aušrinė	Morgenstern, Venus	
3	Žemyna	Göttin der Erdkraft	
4	Austėja	Göttin der Bienen	
5	Ondenis	Gott des Wassers	
6	Patrimpas	Gott der Pflanzen und des Frühlings	
7	Mėnulis	Mond	
8	Saulė	Sonne	
9	Patulas	Gott der Unterwelt	
10	Velinas	Gott der toten Seelen	
11	Leda	Göttermutter	

Literaturauswahl zur baltischen Mythologie und Folklore

Balys, Jonas, *Lithuania and Lithuanians: a selected Bibliography*, Frederick A. Praeger, New York, 1961.

Balys, J., Biezais, H., Baltische Mythologie, in *Wörterbuch der Mythologie*, hrsg. Von H.W. Haussig, Abt. 1, Lief. 7, Stuttgart,1965.

Biezais, Haralds, *Die Religionsquellen der baltischen Völker und die Ergebnisse der bisherigen Forschungen*, Uppsala, 1953.

Biezais, Haralds, *Die Himmlische Götterfamilie der alten Letten*, Uppsala, 1972.

Chatterij, Suniti Kumar, *Balts and Aryans in their Indo-European Background*, Simla, Indien, 1968.

Gimbutas, Marija, *Ancient Symbolism in Lithuanian Folk Art*, Denkschrift der American Folklore Society, Vol. 49, Philadelphia, 1958.

Gimbutas, Marija, *The Balts*, London, 1963.

Kudirka, Juozas, *The Lithuanians. An ethnic portrait*, Vilnius, 1991.

Landsbergis, Algirdas und Mills, Clark, *The Green Oak: Selected Lithuanian Folksongs*, Voyages Press, New York, 1962.

Lithuanian Etiological Tales and Legends, Vilnius, 1998.

Sacred Serpent, *Journal of Baltic Tradition*, Canada, No. 1, 2, 3, 4 (1994); 5, 6 (1995), Ed. Lana Vyte.

Standard dictionary of folklore, mythology and legend, New York, Vol. 2 (J. Balys, Lithuanian Folk Songs, Lithuanian Mythology).

Vėlius, Norbertas, *The world outlook of the ancient Balts*, Vilnius, 1989.

Glossar

Aitvaras Mythologisches Wesen in Litauen. Schützt und fördert Wohlstand und Reichtum. Erscheint in Gestalt einer Feuerschlange oder eines Vogels. Bewohnt ländliche Außengebäude und bringt den Hofbesitzern Geld, Korn in Hülle und Fülle, Milch, und anderen Wohlstand.

Alkas Opferstätte der alten Litauer (ein Hügel/Berg, Wald, Hain, Heide oder Bach), wo Opferungen und Bestattungsriten stattfanden.

Auseklis Lettische Göttin der Morgendämmerung. Morgenstern.

Austėja Beschützerin von Bräuten und schwangeren Frau en. Die Bienengöttin.

Aušautas Alter pruzzischer Medizingott (Gesundheit und Heilung). Gegenstück der griechischen Gottheit *Aesculapius.*

Aušrinė Der Morgenstern. Litauische Göttin der Morgendämmerung, der Liebe und der Schönheit (Hinduistisch – Usha; Römisch – Aurora; Lettisch – Auseklis) *Tiere*: Kuh und Stute.

Autrimpas Pruzzischer Meeresgott (Römisch – *Neptun*)

Bangpūtys Litauischer und pruzzischer Windgott (Verwandter des *Vėjopatis*)

Bardaitis Pruzzischer Gott der Seeleute

Barzdukai Helfer des pruzzischen Gottes *Puškaitis*, Wächter von Wohlstand und Reichtum. Winzige, bärtige Kreaturen, die in der Erde leben.

Burtai	Zaubersprüche, magische Beschwörungen um die Ereignisse und die Zukunft zu beeinflussen.
Burtininkas	Eine Person, die Magie betreibt, auch bekannt als Hexe, Medizinmann, Zauberer oder Magier.
Dalia	(lettisch *Dekla*) Geberin und Nehmerin der materiellen Güter. *Inkarnationen*: Ente, Gans, Schwan, Lamm, Felsen, *aitvaras*, Schlange oder Vogel.
Dausos	Aus der litauischen Mythologie. Wohnstätte der Seelen nach dem Tod. Die Seelen reisen dorthin über die Milchstraße.
Dievas	(lettisch *Dievs*) Bedeutet wörtlich "Gott". Er ist der Gott des Lichtes und des Himmels, der Gott des Tages, der Vereinbarungen, des Friedens und der Gerechtigkeit. Die verantwortliche Kraft für das Wachstum der Pflanzen. *Tier*: Wild, Hirsch, kleine Vögel. *Pflanzen*: Birke oder andere Laubbäume. *Waffen*: Dolch, Schwert.
Dimstipatis	Litauischer Gott des Herdfeuers, schützt das Haus vor Feuer.
Ežerinis	Litauischer Gott der Seen.
Gabija	Göttin des Hauses und des Herdfeuers.
Gabjausis	Gott des zugedeckten Feuers.
Giltinë	Göttin des Todes, Schwester der *Laima* (Hinduistisch – *Kali*).
Gyrates	(lettisch *Mežutevs*) Beschützer der Wälder.
Gyvatė	Schlangengöttin.
Ilgsė	Festtag der alten Litauer, um die Toten zu ehren. Später *Vėlinės* genannt.
Jumis	Lettischer Fruchtbarkeitsgott (auf lettisch bedeutet *jumis* doppelte Getreideähre). Vergleichbar mit den himmlischen Zwillingen der indo-europäischen Mythologie.
Jorė	Fest zur Ankunft des Frühlings. Später als *Jurginės* bekannt.

Juratė	Legendäre Königin der Ostsee. In Gestalt einer Meerjungfrau.
Kalvelis	Der Himmelsschmied, der eine neue Sonne, eine Krone für *Aušrinė* und Steigbügel für die Söhne *Dievas´* schmiedet.
Kaukai, Barstukai	Mystische Kräfte, arbeiten mit Zauberei.
Krivis, Krivių, Krivaitis	Der oberste Priester oder Seher, lebte in *Romuva* (Pruzzen). Sein Einfluß ging über die pruzzischen Grenzen hinaus bis zu den Litauern und anderen baltischen Stämmen.
Kurka, Curche	Pruzzischer Fruchtbarkeitsgott.
Lada	Litauische Fruchtbarkeitsgöttin. Eheliche Verbindungen und eheliche Harmonie.
Laima	(lettisch *Laima*) Göttin des Schicksals, die Allwissende. *Inkarnationen*: Kuckuck (Bote des Schicksals und des Frühlings), Eule, Meise (Todesbote), Elchkuh und Bär.
Laukpatis	(lettisch *Mežu tevs*) Beschützer von Haustieren und Hof.
Lauksargis	Litauischer Gott und Beschützer des Ackerlands.
Laumė	(lettisch *Zemes sieva*) Funktionärin von *Laima* und *Ragana*; Göttin und auch Frau. Beschützerin der Waisen und der verlorenen Kinder. Gibt und nimmt Wohlstand und Fruchtbarkeit. Beherbergt die Toten.
Lazdona	Beschützerin der Nüsse, Nußbäume und Nußhaine.
Lizdeika	Der Seher, der Prinz Gediminas´ Traum vom eisernen Wolf deutete. Laut den litauischen Quellen aus dem 16. Jahrhundert wurde Lizdeika als Baby in einem Adlernest gefunden, daher auch der Name Lizdeika (*lizdas* bedeutet "Nest" auf litauisch). Er wurde der oberste Seher in Litauen (*Krivių Krivaitis*).
Marša	Göttin der Geburt von Kälbern, Beschützerin der Kühe. *Inkarnationen*: schwarze Schlange, Henne, schwarzes Insekt.

Medeina (lettisch *Mezu mate*) Göttin und Beschützerin der Wälder und der Jagd.

Mėnuo, Mėnulis Mond: Litauische Gottheit der Erde und des Todes. Man glaubte, daß der abnehmende Mond in der Erde wohnt und der Neumond im Himmel. In vielen Gebeten an ihn wird der Neumond als Gott oder Prinz angesprochen und um Gesundheit und Glück gebeten.

Miškinis, Girinis (von den litauischen Wörtern *miškas* und *giria* abgeleitet, bedeuten "Wald") Litauischer Waldgott, Geist der Wälder. Mit dem römischen *Sylvanus* vergleichbar.

Morė Strohpuppe in Gestalt einer Frau, Symbol des Winters. Wird traditionell am Fasnachtsdienstag verbrannt, als symbolische Austreibung des Winters.

Nunadievis Litauischer Gott, erwähnt in Quellen des 13. Jahrhunderts. Die Bedeutung ist nicht ganz klar – er könnte entweder der Oberste Gott sein (*No-an-deiv*) oder eine Falschschreibung von *Numdievas* – Gott des Hauses.

Pagirinis Ringelnatter, die sich die alten Litauer in ihren Häusern hielten; wurde für einen Gott gehalten. Sollte das Herdfeuer vor Fremden beschützen.

Patrimpas Pruzzischer Gott der Getreidefelder. Sollte im Krieg den Sieg bringen. Man stellte ihn sich als jungen Mann vor, gekrönt mit einem Kranz aus Getreide ähren. Sein Symbol war die Ringelnatter. Manche machten ihn auch zum Gott des Wassers. Einer der drei obersten pruzzischen Gottheiten.

Patulas Pruzzischer Gott des Todes und der Unterwelt. Das Gegenstück zu Patrimpas. Man stellte sich einen gruseligen alten Mann vor mit langem, weißem Bart und Haaren wie weißes Leinen. Er erschien nachts. Sein Symbol war der Kopf eines toten Menschen, Pferdes oder eines Rindes.

Pergubris Pruzzischer Frühlings- und Vegetationsgott. Treibt den Winter aus und hilft den Pflanzen beim Wachsen. Der erste Frühlingsfeiertag, *Jorė*, ist ihm gewidmet. Mit dem slawischen *Jarila* vergleichbar.

Perkūnas (lettisch Perkons) Gott des Donners und der Gerechtigkeit. Befruchtet die Erde. *Tiere*: Bulle, Ziegenbock. *Vögel*: Taube, Kuckuck. *Bäume*: Eiche, Esche. *Waffen*: Axt, Pfeil und Bogen.

Praamžis, Praamžius Der erste, alles umfassende Gott des baltischen Pantheon. Könnte sehr nah mit *Prakorimas* verwandt sein oder ist sogar dieselbe Gottheit unter anderem Namen.

Prakorimas Könnte eines der titanischen Mitglieder der allerersten baltischen Götterfamilie sein. Herrscht über Götter und Menschen und deren Schicksale. Man glaubt, daß er mehrere Namen hatte, einer davon ist *Praamžius* (wörtlich: der Anfang der Ewigkeit).

Prutenis Legendärer, oberster Seher (*Krivių Krivaitis*), Bruder des *Videvutis* (Herrscher aus dem 6. Jahrhundert). Er soll *Romuva* gegründet haben und auch den Kult der drei Hauptgötter – *Patulas, Patrimpas* und *Perkūnas*.

Puškaitis Inkarnation der Erde, die die *Kaukai* hervorbringt.

Ragana Göttin des Todes und der Wiedergeburt. Beschützerin der Naturzyklen, Bewahrerin der Lebenskraft innerhalb der Grenzen. Allwissend, sagt alles voraus. Eine gleichzeitig wunderschöne und erschreckende Frau (das moderne litauische Wort *ragana* bedeutet "Hexe"). *Inkarnationen*: vor allem die Kröte, aber auch Ziege, Stute, Krähe, Elster, Igel, Hecht, Karpfen oder andere Fische.

Ramuva Litauische ethno-kulturelle Organisation, gegründet 1967, 1971 von den Sowjets verboten. Bestand danach nur innerhalb der Universität in Vilnius, bis sie 1988 wieder zugelassen wurde.

Rasa Altes, litauisches Fest der Sommersonnwende, wiederbelebt im Jahre 1967 in Kernavė durch die *Ramuva* Bewegung.

Romuva Zentrales Heiligtum der alten Balten in Pruzzen, gegründet im 6. Jahrhundert während einer Reform der heidnischen Religionen und dem einsetzenden Kult der drei Hauptgötter, *Patulas, Patrimpas* und *Perkūnas*. Die wiederbelebte alte, heidnische, litauische Religion ist in Vilnius offiziell unter dem Namen "Romuva" verzeichnet.

Regių boba Das alte Roggenweib. Sie regelte die Geburt, das Leben und den Tod der kultivierten Pflanzen.

Rupūžė Kröte. Symbol für die Energie und die Regeneration des Lebens.

Samboriai Litauisches Fest im Mai, wo das Ende der Feldarbeit im Frühling und die Wiedergeburt der Natur gefeiert wird.

Saulė Die Sonne. Gattin oder Tochter des Himmels.

Siela (wörtlich "Seele") Die Lebenskraft des Körpers. Verläßt den Körper zeitweise während des Schlafes und für immer dann zum Todeszeitpunkt.

Skalsa Litauische Gottheit. Verkörpert den Überfluß, den Wohlstand und das Glück. Laut einigen Chronisten auch Füllhorn genannt. Man feierte Skalsa zu Ehren ein Fest während der Erntezeit. Dem lettischen *Jumis* verwandt.

Sovius Mythischer, baltischer Volksheld – führte die Verbrennung der Toten ein, Führer der Seelen der Verstorbenen im Nachleben.

Stabas Götzenbild, Bild eines Gottes.

Šventaragis Legendärer, litauischer Prinz und Volksheld. Der Ort, an dem man seine Leiche verbrannte, wurde fortan Šventaragis-Tal genannt und wurde zum kulturellen und religiösen Zentrum des alten Litauens. Er be-

	findet sich in Vilnius zwischen dem Vilija- (Neris) und dem Vilnelė-Fluß – heute der Standort des Vilniuser Doms.
Tulisonys und Ligašonys	Pruzzische Seher, die zu Bestattungsriten anwesend waren.
Ukapirmas, Okopirmas	Oberster Gott der Pruzzen, dem litauischen *Dievas* und dem lettischen *Dievs* entsprechend.
Undinė	Meerjungfrau; mythologisches Meereswesen; eine Frau mit Fischschwanz anstelle der Beine.
Užgavėnės	Fastnachtsdienstag. Wird in Litauen als symbolischer Abschied des Winters gefeiert.
Vaidila (männl.) und Vaidilutė (weibl.)	Pruzzische religiöse Amtsträger. Helfer des obersten Sehers, *Krivių Krivaitis*. Sie pflegten das heilige Feuer und lasen Orakel.
Vaižgantas, Rūpintojėlis	Beschützer von Flachs und Hanf. Gott der Geburt, des Lebens, der Folter, des Todes und der Wiedergeburt. Litauische Entsprechung zum griechischen *Dionysos*.
Vakarinė	Abendstern. Das Gegenstück zu *Aušrinė*. Vermutlich der Planet Venus.
Vėjopatis	Litauischer Windgott.
Vėlė	Seele eines toten Menschen, Gegenteil der *siela* – der Seele eines lebenden Menschen. Stirbt ein Mensch, verläßt die vėlė seinen Körper, verweilt eine Zeitlang unter den Lebenden, ehe sie dann in die Welt der Toten verschwindet – *Dausos*, der Berg der vėlės.
Vėlinės	Litauisches Fest zum Andenken an die Toten (vom Wort *vėlė* abgeleitet). Früher als *Ilgės* bekannt.
Velnias, Velas, Velns	Gott im Königreich der Toten und der Unterwelt. Gott des Viehs, der Magie und der Verwandlung. Schöpfer schwarzer Tiere und Vögel. *Pflanzen*: Erle, zapfentragende Bäume. *Waffen*: Lanze, Schlinge. (Im heutigen Litauisch bedeutet Velnias "Teufel").

Videvutis, Vaidevutis Mythologisierter, pruzzischer Volksheld, Bruder des *Prutenis*. König über die Pruzzen im 6. Jahrhundert.

Vilktakis, Vilkolakis (lettisch *Vilkacis*) Werwolf – ein Mensch, der sich in einen Wolf verwandeln kann.

Žaltys Heilige Schlange; eine verehrte Ringelnatter, die in den baltischen Ländern heimisch ist. Wächter oder Bote der alten, baltischen Götter, spielt eine bedeutende Rolle in der regionalen Mythologie oder Volkskunde. Es ist streng verboten, eine dieser Kreaturen zu verletzen oder zu töten.

Žemėpatis, žemininkas (lettisch *Majas Kungs*) Bruder der *Žemyna*, Gott der bewohnten Gehöfte, einschließlich Obstgärten und Gärten.

Žemyna, Žemė (lettisch *Zeme, Zemes mate*) Mutter Erde, Göttin der Fruchtbarkeit der Erde. Gleichzeitig Mutter der Toten und der Lebenden, schenkt Allem das Leben. Reinheit. Göttin der Gerechtigkeit.

Žvaikždikis, žvaikžtikis Pruzzischer Lichtgott. Bringt das lebenswichtige Licht für das Wachstum des Korns, der Wiesen und der Tiere. Entspricht den griechisch-römischen Sonnengöttern (*žvaigždė* bedeutet im modernen Litauisch "Stern").

Žvorūnė, Žvėrynė Litauische Göttin, wird mit dem Abendstern in Verbindung gebracht; hat Macht über die wilden Tiere, die Jagd und die Erde.